夏休みの自由研究のテーマにしたい「税」の話

別冊税務弘報編集部［編］

中央経済社

別冊 税務弘報

まえがき

本書は、「税金の仕組みや、わが国の税務行政が、どのようなねらいをもっておこなわれているのかを、納税者の代表ともいえる大人のみなさんに関心を持ってもらいたい」との思いから刊行するものです。

税の話はとにもかくにも難しくなりがちです。税が難しい理由の1つに制度が複雑なことがあります。ではなぜ税制が複雑になるのかといえば、それは、社会の理想や政治の思惑を、税を通して実現しようとしているからではないでしょうか。それだけに、税制（それに納税にまつわるさまざまな事件も）は社会の縮図ともいえる、興味深い話がたくさんあります。

税を知ること、それは社会を知ることです。

ただし、前述のとおり、税は複雑で難解です。税を知るには、知力に加えて体力も必要です。そこで、本書では、難しい税の話を、何とかわかりやすくお伝えしたいと考え、「もしも小学生に自由研究の課題で税を研究対象にするならどのようなテーマがおススメか」を15人の識者に聞きました。現代の日本の税制の課題や、税にまつわる問題を考えることのおもしろさが読者のみなさまに伝わり、税に関心や興味を持たれる方々が増えることを願っています。

令和2年　別冊税務弘報編集部

もくじ

1 これまでの税金、これからの税金（租税制度の変遷）

岩品信明（いわしな・のぶあき）

TMI総合法律事務所　パートナー弁護士・税理士。東京大学法学部卒業、ノースウェスタン大学ロースクール卒業。東京国税局国際税務専門官（任期付公務員）として法人税および国際税務の税務調査を担当。経団連国際課税委員会、経済産業省外国事業体課税研究会委員、日本CFO協会国際税務部会顧問を歴任。専門は、法人税および国際税務のタックス・プランニング、税務調査対応、税務訴訟。

1 研究テーマにおススメする理由

現在では、所得税や消費税など各種の税制が整備され、税金は公共サービスを支える原資になっていますが、昔からこのような制度であったわけではありません。

古代には、支配者が被支配者から収穫の一部を徴収し、支配者のために使われていることもありました。また、金銭で納税するのではなく、収穫物の一部を物納し、労役を課せられることもありましたが、現在の日本では基本的に金銭で税金は徴収されています。

税金を徴収する側からすると徴収漏れがないように納税者の資産を捕捉することが重要になりますが、後述するような国外財産調書やCRS制度の導入により、すでに国外の資産についても捕捉する手段が講じられています。

さらに、第二次大戦以前までは、税は一国で完結する問題でしたが、現在のように国際取引が活発になると、取引に伴って税負担の少ない外国のグループ企業に利益を移転し、結果として国家の税収に影響が生じる事態も生じています。そのために、国際機関であるOECDが主導してBEPS（税の浸食と利益の移転の防止）という、国際的な租税回避を防止する枠組みも導入されました。

このように、そのときどきの政治体制や社会情勢などを反映して税金の制度（税制）が整えられてきました。

最近では、スマートフォンなどの電子機器が一段と利用され、デジタル分野での取引が飛躍的に増加しています。デジタル取引の増加に伴い、デジタル課税などの導入が検討されていますので、今後、社会の変動に伴って税金をめぐる制度も変貌を遂げると思われます。

本稿では、税金の背景になる政治体制や社会情勢を踏まえながら、税金の過去、現在、未来を俯瞰していきたいと思います。

2 研究対象と研究方法

(1) 過去の税金

税制は時代ごとに変遷してきました。いくつかの時代を例に挙げて説明します。

① 古代の税の理念、ポイントは「支配者のための税金」

古代、狩猟採集社会から農耕社会に移行し、支配者と被支配者が区別されたころに税金の原型が生まれたと考えられます。

支配者は、被支配者に収穫の一部を税として物納させ、また、労働や兵役などの義務を課しました。支配者が被支配者の安全を守るという側面もありましたが、このころには現在のような公共サービスを支えるために税金を徴収するという考え方はありません。税金は支配者のためのものでした。

② 税制

〈飛鳥時代〉

日本では、租庸調という税制が有名です。飛鳥時代の大化の改新（645年）では、土地や人民を国家のものとするという公地公民の考え方が示され、また、大宝律令（701年）では、租庸調という税の仕組みができました。

租は農民に課税され、税率は収穫の約3％でした。庸は都での年間10日間の労働または布を納める税です。調は、布や絹などの諸国の特産物を納める税です。貨幣があまり流通していなかったため、物納または労働で納税されていました。

〈江戸時代〉

江戸時代の税金の主たるものは、農民に課税される年貢です。農地の面積と収穫高に応じて年貢が課せられ、二公一民というように、収穫の3分の2を年貢として納めるという厳しいものでした。

また、商工業者に対しては、商売の特権を認めるかわり運上金・冥加金という名前で税を課していました。江戸時代には、物納だけでなく、貨幣の流通に伴い金銭での納付もされていたわけです。

過去の税制が、どうしてそのような税制になったのかを、その目的から研究すると、これからの理想の税制を考えるうえでヒントとなることが見つかるかもしれません。

(2) 現在の税金

① 理念、ポイントは「公共サービスを支える原資」

現在の日本のような民主主義国家では、税金は、各種の公共サービスを支えるための原資です。国民から徴収された税金は、安全（警察や消

図表1－1　税金の種類

	国　税	地方税	
		道府県税	市町村税
直接税	所得税、相続税、贈与税など	道府県民税、事業税、自動車税など	市町村民税、固定資産税、軽自動車税など
間接税	消費税、酒税、たばこ税、関税など	地方消費税、道府県たばこ税、ゴルフ場利用税など	市町村たばこ税、入湯税など

※　消費税（国税）と地方消費税は合計で 10% です。消費者が事業者に対して支払い、事業者は消費税（国税）と地方消費税をまとめて国に納税し、国と都道府県との間で両者を精算することになります。

防など）、教育（小中学校など）、健康（公立病院など）、日常生活（ごみ処理など）などの各種の公共サービスを支えるために使われています。

②　税　制

現在の日本の税制は、非常に複雑かつ精緻な仕組みになっています。国税か地方税か、また、直接納税するか間接的に納税するか（税の負担者と納税義務者が異なる場合）によって主要な税金を区分すると図表1－1のようになります。

また、課税の対象から分類してみると、

ⅰ）所得課税（収入から必要経費を控除した所得に対して課税される税金）として所得税や法人税

ⅱ）消費課税（物品の消費やサービスの提供に対して課税される税金）として消費税、酒税、たばこ税

ⅲ）資産課税（資産に対して課税する税金）として相続税、固定資産税

のように分類されます。これ以外にも、印紙税（流通に対して課税される税金）などさまざまな税金が整備されています。

また、所得税については、累進課税制度が導入されており、所得に応じて税率が5％から45％まで上昇する仕組みが採用されています。低所得者の税負担を軽くし、高所得者の税負担を重くすることにより富の再分配を目的としています。

③ 源泉徴収制度

日本をはじめ各国では、源泉徴収制度という、支払者が税負担者に代わって、支払いの際に支払金額の一定額を徴収して国に納税するという仕組みが採用されています。

サラリーマンの場合は特にわかりやすいのですが、会社が本来の給与の額から所得税を源泉徴収し、さらに社会保険料なども天引きして手取り額を給与口座に振り込むことになります。

サラリーマンは所得税の納税義務がありますが、みずから所得税を申告して納税する手間を省けることになり、また、多数のサラリーマンがそれぞれ納税するのではなく会社にまとめて納税させることになるので、国にとっては税収を確保しやすくなります。

日本の給与所得の源泉徴収制度の場合には、源泉徴収した税額と本来納付すべき税額がほぼ同等であり、サラリーマンとしては、所得税を納税したという意識のないまま課税が終了することになるためみずからの所得税額を知らない人が多く、一般的に「所得税を納税した」という意識は低いようです。

一方、商品購入などの際には消費税を支払うことになりますが、実際に税金を支払っているために納税したという意識が強く、日本では、消費税は政治的な争点になってきました。

ちなみに、米国の場合には源泉徴収税率が高く、通常、本来の税額よりも多額に源泉徴収されますので、申告すると還付(かんぷ)される場合が多いようです。そのため、納税者は税金に対する意識も高く、米国では所得税が大きな政治的な争点になっています。

④ **国際税務**

前に述べたように、第二次大戦以前までは、税は一国で完結する問題でしたが、現在のように国際取引が活発になると、取引に伴って税負担の少ない外国のグループ企業に利益を移転し、その結果、国家の税収に影響が生じる事態も生じています。

日本の法人の実効税率は約30%ですが、ケイマン諸島などのように法人税のない国や、日本と比較して法人税の低い国は多数あります（アイルランド12.5%、香港16.5%など）。そのため、日本企業と外国のグループ企業との間で、日本企業が売買代金を多く支払って利益を外国のグループ企業に移転させ、外国の低い税率で課税されるようにすることによって、グループ全体での税額を抑えることが可能です。

ただ、このようなことがおこなわれると日本の税収が減ってしまいますので、移転価格税制やタックスヘイブン対策税制という制度が導入されています。

移転価格税制は、グループ企業間の取引であっても第三者と同等の価格で取引をおこなったものとして課税する制度で、タックスヘイブン対策税制は、低税率国に留保された所得は日本法人の所得とみなして合算して課税をするというものです。

なお、最近では、国際機関であるOECDが主導して、国際的な租税回避を防止する枠組み（先述のBEPS）も導入されています。

⑤ **資産の捕捉方法の進化**

海外送金や海外に資産を持つことが容易(ようい)にな

り、日本国民が海外に資産を保有することが増加しました。

日本の税務当局は日本国内では税務調査をすることができますが、海外の資産を把握することは容易ではありません。そのため、海外資産を把握して課税逃(のが)れを防止するために、国外財産調書[1]、CRS[2]制度が導入され、資産の捕捉方法も進化を遂げています。

現在の税制を研究することで、わが国の税に関する問題の1つに租税回避があることに気づくでしょう。

(3) 未来の税金

① 税の理念と税制

これからも、公共サービスを支える財源という税金の性格はおそらく変わらないと思われます。一方、国内でも貧富の格差が徐々に拡大していることから、富の再分配としての税金の性質が重視されることになると予想されます。

特に、近時、「ベーシックインカム」という基礎所得を保障する制度が議論されています。仮に、導入されるとしたらその財源を考えなければなりませんが、ベーシックインカムは富の再分配としての性質を持っていますので、所得税をより累進的にして財源を確保する可能性もあります。

ベーシックインカムがどういったものかを調べることは、理想の税制を考えるうえで、参考になることでしょう。

② デジタル課税

現在でも、スマートフォンをはじめとする電子機器を用いて、動画を視聴し、また、商品を購入するなど、デジタル取引が活発になされています。このような取引は、グローバル企業(たとえばAmazon)によっておこなわれることもあ

図表１－２　日本に拠点がなければ、海外企業に日本の法人税を課せない

りますが、このとき、グローバル企業の日本子会社が日本人に対してサービスを提供することは少なく、グローバル企業の海外子会社が日本人に対してサービスを提供していることが多いようです。

デジタル取引では、日本に物理的な拠点を設置する必要はなく、外国からインターネットを介してサービスを提供することができるからです。

実は、海外子会社が日本人に対して直接サービスを提供する場合には、原則として日本で課税をすることができません。

伝統的な税務の考え方では、支店や事務所のような物理的な施設(恒久的施設)が日本にあれば日本で課税できますが、このような物理的な施設が日本にない場合には、原則として日本で課税できないことになっています（なお、平成27年度税制改正により消費税は課税されることに

なりました)。

そのため、グローバル企業が日本人に海外から直接サービスを提供する場合には、いくら日本人から利益を得ていても日本で納税しなくてよいことになります。このように、自国民に対して外国から直接サービスを提供して課税できないという状況は、日本だけでなく実は世界の多くの国で起こっています。

他国の政府としては、自国民から利益が得られているにもかかわらず、その企業に納税できないできないという状況に対して非常にいら立ちを憶えています。

たとえば、イギリスでは、大手のIT企業がイギリスのユーザーから得た収入の2%のデジタル課税を導入することを決めました。

また、OECDでは、大手のIT企業の利益を通常利益とデジタル取引が寄与していると思われる超過利益とに分け、超過利益分を各国の売上高に応じて各国に分配するという案を検討中です。

デジタル課税の取決めは、これからの各国の税収にかかわる大きなテーマとなるでしょう。

3 良い研究報告とするためのアドバイス

時代とともに、新しい資産が誕生します。たとえば、最近では仮想通貨(暗号資産)です。仮想通貨は実物がなく、しかも銀行なども介さないため、これまでのような資産の捕捉方法では捕捉が困難です。今後は、こうした新しい資産についても捕捉方法が検討されることになるでしょう。

納税者と税とは、常に、追いつ追われつの関係にあります。納税者は課税されない取引を考え出し、また、資産を捕捉されないように試みます。国は、新しい取引に対しても課税できるようにし、また、課税逃れを防止するために資産の捕捉に努めます。

これからも、新しい資産や新しい取引が開発され、それに対して課税方法や資産の捕捉方法が検討されることになるでしょう。

こうした新しい資産を効率的に捕捉するにはどのような方法があるか考える意義は大きいと思います。

また、税制は社会情勢に対応して変化してきました。社会の課題（たとえば、貧富の格差など）を考え、それに対応してどのような税制が望ましいのかを考えると、より税制についての理解を深めることができます。

【参考資料】
国税庁　「税の学習コーナー　税の歴史」
（https://www.nta.go.jp/taxes/kids/hatten/page16.htm）

（注1）合計5000万円以上の海外資産を保有する場合には、その内容を税務当局に申告しなければならないという制度です。

（注2）Common Reporting Standard（共通報告基準）とは、金融機関が非居住者の口座情報を自国の税務当局に報告し、各国の税務当局間で情報交換される制度です。

世界と日本の「変わった」税金

中島礼子（なかじま・れいこ）
税理士　主な著作に『インセンティブ報酬の法務・税務・会計』（共著、中央経済社、２０１７年）、『そうだったのか！　組織再編条文の読み方』（中央経済社、２０１８年）、『スクイーズ・アウトの法務と税務（第２版）』（共著、中央経済社、２０１８年）

1 研究テーマにおススメする理由

(1) 世界の「変わった」税金

ここでクイズです。

Q　世界にはさまざまな税金があります。次のうち実際にない税金はどれでしょうか？
①ポテトチップス税　②ソーダ税
③ソーセージ税

答えは③のソーセージ税です。
これは、国税庁のウェブサイトに掲載されている「おもしろ税金クイズ」の1つです。
①のポテトチップス税はハンガリーで2012年1月から導入され、②のソーダ税はフランスで2012年1月から導入されたと説明されています。いずれも塩分や糖分を多く含む一定の食品に対して課税されます。
また、甘い飲料に対する課税は2018年から英国においてもおこなわれています。

(2) 日本のちょっと変わった税金

かくいう日本にも、「遊漁税」（河口湖町）、「狭小住戸集合住宅税」（豊島区）といった「ちょっと変わった」税金があります。前者は河口湖の釣り客に対して、後者は一定の狭小な住戸を有する集合住宅の建築主に対して課されます。

また、消費税導入前には「物品税」なるものがあり、ピアノ・宝石などのぜいたく品に課税がなされていました。さらに、もっと過去にさかのぼると、「犬税」や「ミシン税」、「扇風機税」といった税金が課されていた時代もあります（後述**1**参照）。

(3) 税金をかけるのには理由がある？

ではなぜ、このような「変わった」税金がある（あった）のでしょうか？

税金ですから、当然、財源調達という側面もありますが、これらの「変わった」税金は別の政策的な側面を有することがあります。

その1つが「消費抑制」です。これは、その物品の消費が社会的に見て望ましくない場合（社会的な追加コストを発生させる場合）、これに税金をかけて値段を高くすることにより消費を抑制する、というものです。前記のポテトチップス税やソーダ税は、健康によろしくない飲食品の消費を抑制して国民の健康を守る（肥満や高血圧などによる社会的コストを抑制する）という目的で、設けられています。

また、課税の根拠として「応益者負担」という考え方もあります。これは、行政によるサービスの恩恵を受ける者に対して、租税を負担してもらおうという考え方です。前記の「遊漁税」はこの考え方によるものと思われます。

さらに、「ぜいたく品」の購入に対して、そこに担税力を見出して課税をおこなうという税金もあります。前記の物品税の他にもゴルフ場利用税などがこれに該当します。

このように、一風変わったように見える税金も、その背景には、社会的な目的や課税の根拠といったものがあるのです。

そこで、本稿では、自由研究として、「ちょっと変わった税金」を見つけて、①どんな税金かを調べ、②どうしてそのような税金があるのか、を考察することをおススメしたいと思います

1 同じ「犬税」でも課税目的・根拠はいろいろ？

同じものに対する課税でも、時代的・社会的背景により、その課税目的・根拠が異なることがあります。

過去の日本には「犬税」がありました。その課税根拠は①ぜいたく品としての課税、②生産手段（狩猟犬）が持つ担税力に対する課税、がメインであったようです。

一方、最近日本で議論されている犬税は「糞の処理費用捻出のため」という、応益者負担の考え方があるようです。さらに、現在ドイツで課税されている犬税は「安易なペット飼育の抑止」という「消費抑制」の一面を持つようです。

2 研究対象と研究方法

では具体的にどのように研究を進めていったらよいのでしょうか？

以下に、対象とする税金の範囲ごとに考えられるアプローチを提案させていただきます。なお、資料の入手の困難さなどから、(1)、(2)、(3)の順に難易度が高くなってゆきます。

(1) 現在の日本の税金

(2) 過去の日本の税金
(3) 世界の税金

(1) 現在の日本の税金

「日本で課されている税金」というと、パッと思いつくのは消費税、所得税、法人税あたりでしょうか。

実は、日本にはこれ以外にもたくさんの種類の税金があります。カウントの仕方にもよりますが、50種類近くにのぼります（図表2－1。地方税法定外税を除いて計算）。この中には、「とん税」や「狩猟税」など、ふだんあまり耳にしない税金もあります。

図表2－1の地方税の欄の最後に挙げている「法定外普通税」「法定外目的税」は、各自治体が独自に条例で定める税金です。これには22ページのような税金があります（「法定外普通税」「法定外目的税」については2参照）。

図表2－1　日本の税金

国　税	所得税、法人税、地方法人特別税、復興特別所得税、地方法人税、相続税・贈与税、登録免許税、印紙税、消費税、酒税、たばこ税、たばこ特別税、揮発油税、地方揮発油税、石油ガス税、自動車重量税、航空機燃料税、石油石炭税、電源開発促進税、国際観光旅客税、関税、とん税、特別とん税
地方税	住民税、事業税、不動産取得税、固定資産税、事業所税、都市計画税、水利地益税、共同施設税、宅地開発税、特別土地保有税、国民健康保険税、地方消費税、地方たばこ税、ゴルフ場利用税、自動車取得税、軽油引取税、自動車税、軽自動車税、鉱区税、狩猟税、鉱産税、入湯税、法定外普通税、法定外目的税

※財務省ウェブサイト＞「税の種類に関する資料」＞国税・地方税の税目・内訳より作成

図表２－２　各自治体における法定外税

区分	税目	自治体
法定外普通税		
都道府県	石油価格調整税	沖縄県
	核燃料税	福井県、愛媛県、佐賀県、島根県、静岡県、鹿児島県、宮城県、新潟県、北海道、石川県
	核燃料等取扱税	茨城県
	核燃料物質等取扱税	青森県
市町村	別荘等所有税	熱海市（静岡県）
	砂利採取税	山北町（神奈川県）
	歴史と文化の環境税	太宰府市（福岡県）
	使用済核燃料税	薩摩川内市（鹿児島県）、伊方町（愛媛県）
	狭小住戸集合住宅税	豊島区（東京都）
	空港連絡橋利用税	泉佐野市（大阪府）
法定外目的税		
都道府県	産業廃棄物税等	三重県、鳥取県、岡山県、広島県、青森県、岩手県、秋田県、滋賀県、奈良県、新潟県、山口県、宮城県、京都府、島根県、福岡県、佐賀県、長崎県、大分県、鹿児島県、宮崎県、熊本県、福島県、愛知県、沖縄県、北海道、山形県、愛媛県
	宿泊税	東京都、大阪府
	乗鞍環境保全税	岐阜県
市町村	遊漁税	富士河口湖町（山梨県）
	環境未来税	北九州市（福岡県）
	使用済核燃料税	柏崎市（新潟県）、玄海町（佐賀県）
	環境協力税等	伊是名村（沖縄県）、伊平屋村（沖縄県）、渡嘉敷村（沖縄県）、座間味村（沖縄県）
	開発事業等緑化負担税	箕面市（大阪府）
	宿泊税	京都市（京都府）、金沢市（石川県）、倶知安町（北海道）R1.11.1施行予定

（出典）総務省ウェブサイト＞政策> 地方行財政> 地方税制度>
地方税の概要＞法定外税の状況

2 地方税の「法定外普通税」「法定外目的税」って？

地方公共団体が地方税法に定められたもの以外に別に税目を起こして課税する税金。特定の経費に充てるために課されるものは「法定外目的税」、一般の経費に充てられるために課されるものは「法定外普通税」という。

地方公共団体の独自の課税であるため、その地域性を反映したものとなることが多い。

※『法律用語辞典（第4版）』（有斐閣）より。

聞いたことがない税金がたくさんあることと思います。

これらの税金のうち、おもしろそうなものについて、その課税の詳細（課税標準や税率）と課税の背景・根拠を調べてゆきます。インターネット上で探せる情報源は以下のとおりです。

■課税詳細等の情報源

☑ 国税 → 国税庁のウェブサイト

☑ 地方税（法定外税以外）→ 総務省のウェブサイト

☑ 地方税法定外税 → 各地方公共団体のウェブサイト

たとえば、富士河口湖町のウェブサイトにおいては、左のような「遊漁税」の説明があります。

図表2－3　富士河口湖ホームページより

○遊漁税

河口湖での「遊漁税」、平成13年7月1日より施行

「遊漁税」導入の経過と目的

河口湖は富士五湖の一つとして国内外から多くの観光客が訪れております。また、富士山が見えるすばらしい環境の釣り場としても、多くの方々に知られるようになりました。

近年、ブラックバス釣りの人気が高まり、釣り人の増加とともに河口湖周辺の違法駐車（路上・河川敷）、トイレの不足による汚染行為、釣り糸及びワーム（擬似餌）の放置による環境面への悪影響が問題となりました。

このような状況の中で河口湖の環境を守り、河口湖を訪れた観光客や釣り客の皆さまに、快適なレジャーを楽しんでいただこうと、平成13年7月に河口湖周辺の1町2村（当時）で法定外目的税の「遊漁税」を導入し、平成15年に1町2村が合併して「富士河口湖町」となった現在も継続しています。

税収は、環境整備と環境美化の財源として、主に駐車場やトイレの整備、湖畔美化などに使われています。

「遊漁税」の徴収内容

税額は、1回200円

河口湖漁業協同組合等を特別徴収義務者に指定し、1日遊漁券の場合は釣り客の皆さまが遊漁券を購入する際に200円の「遊漁税」が一緒に徴収されます。年間券・シーズン券をお持ちの方は、その都度遊漁税券をお買い求めください。中学校を卒業するまでの者と障害の方は免除となります。

遊漁料金等については河口湖漁業協同組合のホームページをご参照ください。

(2) 過去の日本の税金

過去の日本の税金についての研究は、前記の(1)に比べてずっと難易度が上がります。なぜなら、現在課税されているものではないため、ウェブサイトに掲載されている情報が非常に限定されるからです。

したがって、税目にアタリを付けたら、その詳細や課税根拠については、古い書籍や新聞記事に当たって調べる、ということが必要になります。特に古い書籍は所蔵していない図書館も多いので、これらを調べるのは、国立国会図書館や大学図書館に出向く必要があるでしょう。

なお、「どんな税目があったか」、という点については、インターネット上の情報である程度知ることができます。

■税目を探すのにおすすめのウェブサイト

☑ 国税（昭和24年以降）→国税庁ウェブサイト>統計情報>長期時系列データのうち「間接諸税」や「その他」のファイルを参照

☑ 地方税→国立国会図書館デジタルコレクション→「地方財政の状況」（各年版）

たとえば、昭和39年版「地方財政の状況」221ページには「法定外普通税の状況」として、どのような地方税法定外普通税が課されていかが記載されています。そこに挙げられていう税目には、以下があります。

「商品切手発行税」、「広告税」、「文化観光施設税」、「犬税」、「林産物移輸出税」、「立木引取税」、「立木伐採税」、「真珠漁場税」、「砂利引取税」、「砂利採取税」、「と畜税」、「ミシン税」

※昭和37年における地方税法定外普通税（「昭和39年版地方財政の状況」より

(3) 海外の税金

海外の税金について調べるのは、さらに難易度が上がります。各国の税制について日本語で説明されているウェブサイトが限定的であり、また、その多くが法人税や所得税などの基幹税の説明にとどまるからです。

そんな中で、JETROのウェブサイトの「国別情報」のうち、税制を説明したページは1つの助けになるでしょう（もちろんすべての税金を網羅しているわけではありません）。

たとえば、前述の「ポテトチップス税」については、以下のように記載がなされています。

国民健康製品税（俗称「ポテト・チップス税」）

> 塩分、糖分、カフェイン等の含有量が高く、大量摂取すると健康に害を及ぼし得る食品や飲料品に対して課せられる。製造業者（輸入の場合は輸入業者）が納税義務を負う。食品群により課税額は異なる。毎年対象品目が増加、課税額上昇の傾向があるので注意が必要。
>
> ※JETROウェブサイト＞ハンガリー＞税制　より

もし、これより多くの内容を知りたいと思った場合は、英語でインターネットを検索することをおススメします。「Public Health Product Tax」「Hungary」で検索すると、この税に関する大手税理士法人の解説記事などが発見できます。

なお、検索に当たってのヒントとして、旅行会社が調査・公表した「日本でも取り入れてよいと思う外国の税金制度ＴＯＰ５」を挙げておきます。

図表２−４ 日本でも取り入れてよいと思う外国の税金制度 TOP5

（複数解答可｜n=942）

	税金制度	概　要	導入国	割合
1位	犬税	安易にペットを飼う人を減らすための制度	ドイツ等	40.3%
2位	ポルノ税	性的な情報を掲載した映像・新聞・雑誌に課税	イタリア	34.6%
3位	渋滞税	渋滞する時間・場所に自動車で通行すると課税	イギリス	26.0%
4位	ポテトチップス税	肥満防止策として砂糖が含まれるお菓子・飲み物が対象	ハンガリー	23.5%
5位	独身税	少子化対策	ブルガリア	21.5%

※エアトリ調べ　（筆者注）上記にはすでに廃止された税金制度が含まれています。

３ 良い研究報告とするためのアドバイス

(1) 資料の入手が研究成功のカギ

研究をおこなううえで考えられる課題は何といっても「資料の入手可能性」です。過去の税金について調べる場合、古い資料を探さねばなりませんし、海外の税金を調べる場合には、どうしても英語が必要になります。でもその困難さこそが、研究のだいご味ということもできるでしょう。

一方、現行の日本の税金を調べる場合には、資料の制約で困ることはそれほどないかもしれません。その分、「その税がなぜあるのか」について深く考察できれば良いと思います。

なお、前述のとおり、資料の制約という意味での難易度は、現行の日本＜過去の日本＜海外、という順になります。

(2) 途中で方針変更もアリ

ここまではいろいろな税を取り上げることを前提にお話してきましたが、調べる途中で特定の税金に興味を持ったら、その税についてだけ深く調べるというのもアリだと思います。

会社員が組織の命令でおこなう研究と学生の自由研究の最大の違いは、「何を調べてもいい」、という点です。このメリットを生かさない方法はありません。

たとえば、犬が好きで、「犬税」が気になったら、新聞記事のデータベースで「犬税」を検索して、日本において犬税が賦課されていた当時の犬税にまつわるエピソードを集める、インターネットを利用して、現在のドイツにおける犬税の賦課状況やこれにまつわる議論を集める、という研究もあるでしょう。

また、イタリアのポルノ税（現在は廃止）の目的とその社会的・経済的効果について研究し、日本への導入を考察・提言してもおもしろいかもしれません。

「自由研究」は何を研究しても良いのです。

税金を納めなかったらどうなるのか？

深井剛良（ふかい・たけよし）

税理士。1980年4月東京国税局入局。国税庁徴収部徴収課課長補佐、葛飾税務署副署長、税務大学校研究部教授等を経て2016年3月高松国税不服審判所長を最後に退官。同年7月から現職。

1 研究テーマにおススメする理由

私がおススメしたい研究テーマは、そもそも、「税金を納めなかったらどうなるのか？」です。

このテーマを研究するにあたっては、まず、滞納税金の徴収制度を調べることが必要になります。そこでまずわが国における税金の徴収制度を定める法律を確認すると、次のようになっています。

(1) 納期限までの納付義務と督促（とくそく）、滞納処分

日本国憲法第30条は、「国民は、法律の定めるところにより、納税の義務を負ふ」と規定しています。そして、各税法は、納付すべき税額の算出方法や納期限（納めるべき期限）を定めています。したがって、納税者は、国民の義務として、各税法に従って算出された税額をその納期限までに納付しなければならないということになります。

しかし、実際には、納期限までに納付すべき税

金を納めない事例が多くあります。その場合、どうなるのでしょうか？

税法をみてみますと、国税通則法が、その第37条第1項で、「納税者がその国税を納期限までに完納しない場合には、税務署長は、一定の国税を除き、その納税者に対し、督促状によりその納付を督促しなければならない」旨規定しています。

また、その第40条では、「税務署長は、国税通則法第37条の規定による督促に係る国税がその督促状を発した日から起算して10日を経過した日までに完納されない場合のほか一定の場合には、国税徴収法その他の法律の規定により滞納処分を行なう」旨規定しています（地方税法にも同様の規定が置かれています）。

「滞納処分」とは、税金を滞納した納税者（滞納者）の財産の差押えに始まり、その財産を金銭に換える換価、換価により得られた金銭の配当、滞納国税への充当といった滞納税金を強制的に徴収するための一連の手続の総称のことです。

したがって、納税者が納めるべき税金をその納期限までに納付しなかった場合には、督促状により早急に納付するよう督促がおこなわれ、それでもなお完納されないときは、滞納処分により強制的に滞納税金が徴収されることになります。

なお、滞納処分は、税務署長や税金の徴収に関する事務に従事する職員（地方税の場合は徴税吏員（りいん））によりおこなわれ、滞納処分をおこなうに当たって、裁判所の許可は必要とされていません（滞納処分をするために滞納者の物や住居等を捜索する場合も裁判官が発する令状を必要としません）。いわゆる自力執行です。

このように、「滞納処分」は、滞納税金を強制的に徴収するための手続で、個々の手続は、国税徴収法の第五章に規定されていますが、そこには、「超過差押え及び無益な差押えの禁止」（第48条）や「差押財産の選択に当たっての第三者の権利の尊重」（第50条）、「一般の差押禁止財産」（第75条）、「給与の差押禁止」（第76条）など、滞納者や滞納者の財産について一定の権利を有する第三者を一定の範囲で保護する規定もあります。地方税の滞納処分についても、「国税徴収法に規定する滞納処分の例による」とされています（地方税法68条6項、331条6項等）。

(2) 租税の優先権

次に、租税と他の債権との関係はどうなっているのでしょうか？

前述の国税徴収法第五章以外の章をみてみますと、それぞれの章の見出しは、次のようになっています。

第一章　総　則
第二章　国税と他の債権との調整
第三章　第二次納税義務
第六章　滞納処分に関する猶予及び停止等
第八章　不服審査及び訴訟の特例
第九章　罰　則
第十章　雑　則

なお、第四章と第七章は、かつて国税徴収法に規定されていた条文が昭和37年に制定された国税通則法に規定されたことに伴って削除されています。

このうち第二章には、滞納者の財産が換価された場合の換価代金について、その換価代金から配当を受けることができる債権が複数あり、かつ、それらの債権の合計額がその換価代金の額を超える場合の各債権の配当順位と配当額を調整する規定が置かれています。

そこでは、最初に、国税がすべての公課その他の債権に優先するという「国税の一般的優先の原則」を規定しています。

そして、その例外として、滞納処分によって徴収しようとする国税の存在が明らかになる日である法定納期限等と換価された財産に設定されていた担保権（留置権など特定の担保権は、常に国税に優先することとされています）の設定年月日との先後で優先劣後を決定することが規定されています（地方税法にも同様の規定があります）。

(3) 第二次納税義務

国税徴収法第三章は、第二次納税義務の通則と各種の第二次納税義務について規定しています（地方税法では、第一章第四節で定められています）。

第二次納税義務は、滞納者（本来の納税義務者）の財産に対する滞納処分を執行してもなお滞納税金を徴収できないと認められる場合に、滞納者と同一上の納税上の責任を負わせても公平を失しないような特別な関係のある第三者を滞納者に準ずる者とみて、その第三者に滞納税金の履行責任を補充的（二次的）に負わせるものです（最高裁平成6年12月6日判決（民集48巻8号1451頁）参照）。

このような滞納者以外の者が滞納税金を納付しなければならなくなる場合としては、第二次納税義務以外に、

・同一の被相続人から相続等によって財産を取得したすべての者がその相続等によって受けた利益の価額に相当する金額を限度として他の相続人の滞納相続税の納付責任を負う相続税の連帯納付義務（相続税法34条1項）

・税金を滞納した法人が分割型分割をした場合に、分割承継法人が分割法人から承継した財産の価額を限度として分割法人が納付すべき一定の滞納税金について納付責任を負う分割承継法人の連帯納付責任（国税通則法9条の3）

・連結子法人が連結事業年度の連結所得に対する滞納法人税について納付義務を負う連結子法人の連帯納付責任（法人税法81条の28第1項）

などがあります。

(4) 納税緩和措置

次に、国税徴収法の第六章をみてみますと、差し押さえた財産を換価することによって滞納者の事業の継続や生計の維持を困難にするおそれがある場合の換価の猶予（国税徴収法151条、151条の2）や滞納処分の執行等をすることによって滞納者の生活を著しく窮迫させるおそれがある場合の滞納処分の執行停止（同法153条1項2号）などが規定されています。

この換価の猶予や滞納処分の執行停止は納税緩和措置と呼ばれるもので、納税緩和措置としては、国税通則法が、災害等により納付等が困難な場合のその期限の延長（国税通則法11条）や災害・盗難・病気等を原因とする損失・出費が生じたため、あるいは、課税が遅延したため納付すべき国税をただちに納付することができない場合の納税の猶予（同法46条）、さらに、納税の猶

予や換価の猶予等がされた場合の延滞税の免除（同法63条）を規定しています。

(5) 国税徴収法が定めるその他の規定

以上のほか、国税徴収法は、第一章で国税徴収法の目的や各用語の定義等を、第八章で不服申立期限の特例等を、第九章で税務署長から国税局長への滞納処分の引継ぎ等を、第十章で滞納処分を免れる目的で財産を隠ぺい等した場合や徴収職員の質問検査を拒否した場合等の罰則を定めています。

(6) 税金の滞納について考える意義

ここまで、税金を滞納した場合の制度の概略を説明してきました。

滞納税金の徴収制度とその制度の趣旨・目的を知るだけでもこのテーマを研究する意義はあると思いますし、自分が税金を滞納した場合や自分が滞納者の取引相手になった場合にどうすればよいか、あるいは、自分が勤務する会社が税金を滞納した場合にどうすればよいかを考えることができるようになると思います（実際にそうなった場合にどのような行動をとるかは人それぞれだとは思いますが、だからこそ、このテーマの研究はおもしろいと思います）。

また、市税の滞納がどんどん増えている市の市長に自分がなった場合にどうすればよいのかを考えてみるのもおもしろいと思いますし、考えていれば実際にみなさんが市長になったとしても、あわてることはないでしょう。そして、このようなことを考えることで、期限内納税の重要性を認識することができます。これも、このテーマを研究する意義といえると思います。

さらに、研究を進めていくなかで、「この制度はちょっとおかしいのではないか」と疑問を抱く部分も出てくるでしょう。その場合は、どうすればよいのかを考え、ぜひ改正の方向性等について提言していただきたいと思います。

そして、その提言が社会に受け入れられれば、非常に大きな意義を有することになるでしょう。

2 研究対象と研究方法

研究対象は、滞納税金の徴収制度であり、現行の徴収制度の妥当性です。

1で、現行の滞納税金の徴収制度を概観したとおり、滞納税金は強制的・優先的に徴収されることになっていました。しかも、滞納者の財産から徴収できない場合には、一定の関係にある第三者から徴収される場合もあることがおわかりいただけたかと思います。

一方で、法は、税金を滞納した者の生計の維持や事業の継続にも配慮していることもおわかりいただけたかと思います。また、ただちに納税できない場合の緩和措置も設けられていましたね。税金は無理やり強制的・優先的に徴収するわけでもないのです。なかなか良い制度になっているじゃないかと考える方もいるかもしれません。

ただ、現在の国税徴収法は、昭和34年（1959年）に全文が改正されて以降、関係法令の改正に伴って一部改正がされた以外に大きな改正はされていないと言ってよい状況です。

また、昭和34年の国税徴収法の全文改正は、学識経験者で構成する租税徴収制度調査会の答申を踏まえたものですが、それは第二次大戦後の混乱期にあったわが国では、税金の滞納が非常に多かったということも影響しています。

そのときと今では社会経済情勢は大きく異な

っていますので、現在のわが国の社会経済状況に照らしても妥当といえるかどうかを考えていただきたいと思います。

また、研究を進めるにあたっては、最初に現行の滞納税金の徴収制度がどうなっているかを調べることが必要になりますが、その段階が終わったら、先ほども触れましたように、自分が滞納者になった場合、自分が滞納者の取引相手になった場合、自分が勤務する会社が税金を滞納している場合、市税の滞納がどんどん増えている市の市長に自分がなった場合など、さまざまな立場に立って、現行の制度におかしな点はないかを考えていただきたいと思います。

たとえば、

① 国税徴収法第2章が定める国税と他の債権との調整規定は、このままでよいのか（破産法の改正の際に、破産手続における租税債権の地位が一部引き下げられましたが、国税の優先権を少し下げる必要はないのか）

② 逆に、債権譲渡担保が浸透しているなかで、租税の徴収確保をより確実なものにするために、現行の制度を改正する必要はないのか

③ 税務調査手続きが法定されましたが、第二次納税義務を適用する前の手続を法定化する必要はないのか

④ 差押禁止財産や給与の差押禁止の規定を改正する必要はないのか

といったことは、検討すべき事項になると思います。

3 良い研究報告とするためのアドバイス

このテーマの研究対象が滞納税金の徴収制度であることはすでに説明しました。ただ、滞納税金の徴収制度全般についての研究は相当難しいと思いますし、とても夏休み中に終えることはできないでしょう。おそらく数年かかると思います。

したがって、まずは滞納税金の徴収制度全体の概略を理解し、その過程で疑問を抱いたことや興味を持ったことだけ研究することで十分だと思います。

滞納税金の徴収制度全体の概略を理解するために、いきなり専門書を読んでもなかなか理解できないと思います。最初は、たとえば、税務大学校のホームページ（http://www.nta.go.jp/about/organization/ntc/index.htm）に掲載されている国税徴収法と国税通則法の「税大講本」のような、やさしくてページ数も少ない本を読むことから始めたほうがよいと思います。そして、その過程で疑問に思ったことや興味を持ったことについて研究することをおススメします。

なお、専門書としては、国税通則法については、『国税通則法精解』（大蔵財務協会）と『DHCコンメンタール国税通則法』（第一法規出版）があり、国税徴収法については『国税徴収法精解』（大蔵財務協会）があります。また、租税の徴収制度全般について、実務も説明するものとして、『租税徴収実務講座』（ぎょうせい）があります。

最後に、研究を進める過程では、ぜひ他の方と議論していただきたい、ということをお伝えいたします。そうすることによって、多くの方に受け入れられやすい研究結果を残せるようになると思います。

いかがでしょうか。このテーマにチャレンジしてみませんか。

4

消費税における「外食」の定義

佐々木みちよ（ささき・みちよ）

税理士。あいわ税理士法人　ナレッジ室　室長。
大手・中堅企業への組織再編に関するアドバイス業務や連結納税導入前後の税務コンサルティング業務に従事するほか、各種セミナー講師や税務専門誌への寄稿、書籍の執筆も数多く手掛ける。『新しい消費税完全マスター』『即戦力への最短ルート　消費税ナビ』（共著 税務研究会出版局）など。

1 研究テーマにおススメする理由

■「外食」の定義の明確化は日本中の事業者・消費者を救う

夏休みのとある一日、友人と久しぶりの遊園地。あまりの暑さに、ワゴン販売のジェラート店に吸い寄せられる。友人はバニラジェラートをコーンで、私は抹茶ジェラートをカップで注文。

店員「どちらで召し上がりますか？」
友人「疲れたし暑いから、ここのイスで食べます。パラソルもあるし」
私「ここもいいけど、ちょうど噴水ショーが始まるよ。私は向こうの噴水のへりで、ショーを見ながら食べたいな」
店員「では、バニラジェラートは550円、抹茶ジェラートは540円です」
友人「あれ？　コーンのほうが10円高いんですか？」
店員「いいえ、消費税です」

私　「バニラと抹茶で消費税が違うんですか?」
店員「いいえ、食べる場所で消費税が違うんですよ」
友人・私「?-?」

2019年10月1日から消費税率が10%に引き上げられました。同時に軽減税率制度（一定の物品の消費税率を8%とする制度）が導入されています。軽減税率の対象取引は次のとおりです。

① 飲食料品の譲渡（酒類・外食サービス等を除く）
② 週2回以上発行される新聞の譲渡（定期購読契約に基づくもの）

このうち、消費者にとって特に影響が大きい「①飲食料品の譲渡」に注目すると、次のように整理できます。

- **飲食料品**は軽減税率8%
- **酒類**の税率は10%
- **外食**の税率は10%

さらに、消費者1人ひとりの生活に直接影響する消費税ですから、何が軽減税率の対象か明確に線引きする必要があります。

そこで消費税法では、「飲食料品」は「食品表示法に規定する食品」と、飲食料品から除かれる「酒類」は「酒税法に規定する酒類」と定めています。「食品」も「酒類」も他の法律に定義がありますので、消費税法ではこれらの法律をよりどころにすることで軽減税率対象物品を明確にしようとしているのです。

問題は「外食」の範囲です。さすがに「外食」は他の法律にも定義がないため、消費税法で独自に次のような定義を置いています。

【消費税法に定める外食の定義】

飲食店業その他の政令で定める事業を営む者が行う食事の提供（テーブル、椅子、カウンターその他の飲食に用いられる設備のある場所において飲食料品を飲食させる役務の提供をいい、当該飲食料品を持帰りのための容器に入れ、又は包装を施して行う譲渡は、含まないものとする。）

国税庁では、消費税法に定める外食の定義の解釈として通達やQ＆Aを公表し、具体的な取引事例を挙げて、どのような取引が外食に該当するか解説をおこなっています。

しかしながら、日本中でおこなわれている多種多様な取引が通達やQ＆Aにすべて掲載されているはずもなく、実務上は、飲食料品を販売する際、その取引が外食に該当するか否かの判定に大きな混乱が生じているのが実情です。

そこで、夏休みの自由研究として、外食に関する通達やQ＆Aをひも解き、飲食料品の販売業を営む方々、購入する消費者の方々が、誰でも明確にイメージできるような外食の定義を考案するのはいかがでしょうか。さらに、外食か否かを判定するためのフローチャートを作成するのもよいでしょう。

みなさんが考案した定義によって、日本中の事業者および消費者が、税率判定のわずらわしさから解放されることになるかもしれません。

2　研究対象と研究方法

(1)　法律・通達・Q＆Aをひも解いてみよう

軽減税率に関し、国税庁から公表されている通達・Q＆Aは次のとおりです。

●　消費税の軽減税率制度に関する取扱通達

● 消費税の軽減税率制度に関するQ＆A（制度概要編）平成28年4月（平成30年1月改訂）国税庁消費税軽減税率制度対応室
● 消費税の軽減税率制度に関するQ＆A（個別事例編）平成28年4月（令和元年7月改訂）国税庁消費税軽減税率制度対応室

ここで、消費税法に定める外食の定義を再度確認してみましょう。

> 飲食店業その他の政令で定める事業を営む者が行う食事の提供（テーブル、椅子、カウンターその他の飲食に用いられる設備のある場所において飲食料品を飲食させる**役務の提供**※1をいい、当該飲食料品を持帰りのための容器に入れ、又は包装を施して行う**譲渡**※2は、含まないものとする。）

この中で、※1「テーブル、椅子、カウンターその他の飲食に用いられる設備のある場所において飲食料品を飲食させる役務の提供」が、直接的な外食の定義です。すなわち、外食とは「役務（サービス）の提供」であり、飲食できる場所（テーブル、椅子、カウンターなどの設備）を提供し、「どうぞそこで食べてください」と言って食べさせる行為を指しています。

飲食できる場所を提供しているということは、その飲食設備にメニューを設置したり、配膳したりといったサービスを伴うわけで、これが外食です。セルフサービスの場合でも、少なくともテーブル・椅子などの清掃をして次の顧客に気持ちよく使用してもらう準備をします。これもサービスの提供ですから外食に該当します。

一方、※2「飲食料品を持帰りのための容器に入れ、又は包装を施して行う譲渡」とは、いわゆる「持ち帰り販売」です。「持ち帰り販売」は単なる飲食料品の譲渡であり、飲食できる場所を提供してないので、そこで食べさせるというサービス提供もありません。したがって、「持ち帰り販売」には軽減税率8％が適用されます。

以上が、消費税法に定められている外食の定義です。一般に外食というとレストランや食堂での飲食が思い浮かびますが、こういった一般的なイメージよりも広い範囲の行為が消費税法における外食に該当しそうだということがわかります。

しかしながら、どのような設備が飲食設備に該当するのか、店内飲食と持ち帰り販売の両方をおこなっている場合は、どのように税率判定をおこなうのかなど、税率10％が適用される外食と、軽減税率8％が適用される飲食料品の譲渡の境界線に関する疑問はつきません。

こういった疑問について、国税庁から公表されているQ＆Aではおおむね次のように解説されています。

① 飲食店内での飲食

レストラン、社員食堂、学生食堂、ファストフード店での店内飲食は外食に該当します。セルフサービス形式でも、フードコートやフードイベント会場に設置されたテーブル・椅子などで飲食する場合も外食に該当します。

ファミリーレストランでは、レジ前に菓子を置いて販売していることがあります。ファミリーレストランには当然のことながらテーブル・椅子などの飲食設備がありますが、レジ前の菓子の販売は、店内で食べることを前提に販売されるものではないため、飲食料品の譲渡に該当し軽減税率8％が適用されます。

② 持ち帰り販売

税率判定は飲食料品の提供時におこなうこととされています。ファストフード店などで、店内飲食と持ち帰り販売の両方をおこなっている場合は、商品の注文時に、店内で飲食するか持ち帰るかを顧客に確認する必要があります。テーブル・椅子・カウンターなどの飲食設備がある屋台や売店でも同様です。なお、椅子のみ、カウンターのみであっても飲食設備に該当します。

ファストフード店で、仮に「持ち帰る」と申し出た顧客が、そのまま持ち帰らずに店内で食べ始めたとしても、顧客から税率差2％分を追加で徴収する必要はありません。税率判定は、あくまでも飲食料品の提供時（注文等の時）におこなうこととされているからです。

なお、レストランで注文した料理の残りを持ち帰ったとしても、税率は10％です。店内で食べるものとして提供されたものだからです。

飲食店で提供される飲料が缶飲料・ペットボトル飲料であっても、店内で飲むものとして提供されたものであれば税率は10％です。逆に、寿司屋のお土産など、持ち帰り用として注文したものは飲食料品の譲渡に該当し軽減税率8％が適用されます。

③ 飲食店ではない場所での飲食

カラオケボックスにおける飲食、ホテルのルームサービスも外食に該当します。これらは飲食店ではないものの、これらの施設内の椅子などは飲食設備にもなりえ、そこで飲食されるものとして飲食料品が提供されているからです。

スーパーやコンビニエンスストア内のイートインコーナー・休憩スペースも飲食設備に該当します。したがって、こういった設備を有する店舗においては、顧客に対し、店内で飲食するか持ち帰るかを確認する必要がありますが、「イートインコーナーを利用する場合はお申し出ください」といった掲示をおこなうなどの意思確認の方法でよいこととされています。

なお、スーパーのレジ横にあるサッカー台（顧客が購入した商品を袋に詰めるための台）や顧客用のトイレも、人が座ることが可能な設備ではありますが、スーパー側が飲食に用いられることを意図して設置したものではないため、飲食設備に該当しません。

④ 自動販売機等による販売（酒類を除く）

自動販売機による飲み物・菓子・パンなどの販売は単なる飲食料品の譲渡であり、軽減税率8%が適用されます。

ホテル客室に備えられた冷蔵庫内の飲料を販売する場合も、飲食料品の譲渡として軽減税率8%が適用されます。ホテル側が客室内で飲むことに限定して販売しているわけではないからです。

⑤ 売り手にとっての飲食設備とは

フードコートやフードイベント等では、飲食料品を提供するテナントと飲食設備の所有者が通常異なりますが、双方の合意に基づいてテナントの顧客が飲食設備を利用できることになっているときは、そのテナントは飲食設備を有していることになります。

一方、移動販売車で飲食料品を販売する場合で、購入者がたまたま近くにある公園のベンチで飲食するとしても、販売する者と公園の管理者との間でベンチ利用に関する合意がない場合は、そのベンチは移動販売車の飲食設備には該当しません。

遊園地や動物園などのテーマパーク内の売店や屋台にとって飲食設備とは、その売店などのそばに設置したもので、その売店などがメニューを設置、顧客を案内、配膳、清掃をおこなうなど、その売店などの管理下にあるものが該当します。

テーマパーク内に広く点在するベンチやテー

図表4－1　飲食にまつわる消費税、10%と8%どっち？

場　所	販売・サービスの内容	消費税率
レストラン	店内飲食	10%
	店内飲食で注文した料理の残りを持ち帰り	10%
	店内飲食で提供される缶飲料・ペットボトル飲料	10%
	レジ前で販売している菓子	8%
	持ち帰り用として注文した飲食料品（例えば寿司屋のお土産）	8%
ファストフード店	店内飲食	10%
	持ち帰り販売（顧客に確認必要）	8%
	持ち帰り販売した顧客が店内で飲食	8%（税率差2%追加徴収する必要なし）
スーパー、コンビニのイートインコーナー・休憩スペース	イートインコーナー・休憩スペースで飲食するための販売	10%
	持ち帰り販売（顧客に確認必要）	8%
	持ち帰り販売した顧客がイートインコーナー・休憩スペースで飲食	8%（税率差2%追加徴収する必要なし）
自動販売機	自動販売機による飲み物･菓子･パンなどの販売（酒類を除く）	8%
屋台	テーブル・椅子・カウンター等がある屋台での飲食	10%
	持ち帰り販売（テーブル・椅子・カウンター等がある場合は顧客に確認必要）	8%
フードコート	フードコート内での飲食	10%
カラオケボックス	カラオケボックス内での飲食	10%
ホテル	ルームサービス	10%
	客室に備えられた冷蔵庫内の飲料（酒類を除く）	8%
列車内	食堂車における飲食	10%
	飲食料品のワゴン販売（酒類を除く）	8%

マパーク施設全体が、各売店などにとっての飲食設備に該当するということにはならないため、顧客が売店などで購入した飲食料品をテーマパーク内で食べ歩く場合は、酒類を除き軽減税率8%が適用されます。

列車内の食堂車における飲食はレストランでの飲食と同様に外食に該当しますが、ワゴン販売での飲食料品の販売には、酒類を除き軽減税率8%が適用されます。

ワゴン販売で購入したものを列車内の座席で飲食することは可能ですが、売り手がその座席で飲食することに限定して飲食料品を販売しているわけではないからです。

(2) 身近な取引から「外食」の定義を探る

以上より、「外食」の判定上の着眼点は次の2つといえます。

◆ 売り手が飲食設備を有しているか
◆ 売り手がサービス提供をしているか

これらの着眼点を念頭に置き、日ごろ訪れる場所でおこなわれる各取引について実際に税率判定をおこない、誰でも明確にイメージできる外食の定義を探ってみましょう。

① **遊園地や動物園等のテーマパークで**

テーマパーク内のレストランでの飲食は外食に該当します。

では、テーマパーク内の屋台で販売されているアイスクリームやホットドッグなどは外食に該当するのでしょうか？　テーマパーク内の売店で販売されているお土産のお菓子はどうでしょうか？　これらの屋台や売店が飲食設備を有しているか否かで判定は異なるのでしょうか？

② **食堂で**

学校内に食堂があるならば、食堂内を眺めてみましょう。食堂のテーブル・椅子などは飲食設備に該当します。

では、食堂の一角にある売店で購入したパンを、食堂内の椅子に座って食べる場合は外食に該当するのでしょうか？　屋外にあるベンチで食べる場合はどうでしょうか？　また、食堂内の自動販売機で購入した飲料やパンを食堂内で飲食する場合はどうでしょうか？

③ **デパートで**

いわゆる「デパ地下」で販売されている飲食料品の税率はどうなるでしょうか？

デパートですから、休憩用の椅子がエレベーターホールや階段横、さらには上層階にも設置されています。これらすべて、「デパ地下」の各店舗の飲食設備に該当するのでしょうか？

④ **スポーツクラブで**

スポーツクラブのプロショップで販売する飲料やプロテインなどの税率はどうなるでしょう

か？

スポーツクラブ内にはさまざまな椅子が存在します。プロショップ横の椅子、更衣室やパウダールームのベンチや椅子、浴室内の椅子、サウナルームのベンチ、ジム内のベンチプレス用のベンチ、いずれも座ることができる設備です。

これらはすべてプロショップの飲食設備に該当するのでしょうか？　また、休憩スペースに飲料の自動販売機とテーブル・椅子を設置している場合、その自動販売機で販売する飲料の税率はどうなるでしょうか？

3 良い研究報告とするためのアドバイス～少し視点を変えて

テーブル・椅子などの飲食設備を有する売店における飲食料品の販売で、その飲食設備で飲食するための販売は外食に該当します。

一方、自動販売機による飲食料品の販売には、軽減税率8％が適用されます。外食に該当するための前提である「サービスの提供」がないからです。

では、人型ロボットが対応する売店における飲食料品の販売はどうでしょうか？　売店にはテーブル・椅子などの飲食設備があり、人型ロボットが案内・配膳・下膳・テーブルの清掃までおこなっている場合は、外食に該当するのでしょうか？

日本社会の近未来像と消費税率判定との関係に思いをめぐらせるのも、またおもしろいかもしれません。

税理士ってどんな仕事？

白井一馬（しらい・かずま）

1972年大阪府藤井寺市生まれ。2003年6月税理士登録。2010年2月白井税理士事務所開設。現在、京都府京田辺市にて開業。主な著書に『顧問税理士のための相続・事業承継業務をクリエイティブにする方法60』（中央経済社）などがある。

1 研究テーマにおススメする理由

(1) 税理士に求められる資質は何か

税理士が仕事をする顧客には、資産が何十億円とある資産家もいますし、成功を収めた経営者もいます。さらにこれらの方が自分より年上となると、指導するなどおこがましいと感じる若手税理士がいるかもしれません。

もし、そのような悩みを抱える税理士がいれば、解決のための答えは簡単です。素直に尊敬すれば良いのです。尊敬するからこそ時には耳の痛いことも説明しなければならない。いい加減な仕事はできないのです。

税理士は自分の儲けだけを考えて納税者に都合良く税金を安くするような処理をするわけにはいきません。その意味で税理士のような資格業には職業倫理感が求められますが、これはなかなか文章では説明しづらく、税理士になってみないとわからない独特な感覚です。

医師や弁護士の倫理感は税理士である筆者にはわかりませんが、資格で保護されているからこそ各々の資格独自の職業倫理感によってあるべき処理を進めていかねばならない、ということはわかります。

(2) 税理士の具体的な仕事

税理士は申告納税制度の担い手として不可欠な存在です。税理士は税の専門家として納税者の依頼に応じて税務代理や書類作成をおこないます。

税務書類の作成には、所得税や法人税の確定申告書、相続税の申告書、その他税務署などに提出する書類の作成があります。

また、納税者の代理には、企業や個人事業者の確定申告、税務調査の立会い、税務署の処分に不服がある場合の申立てなどがあります。

税理士はたしかに専門知識で税務の仕事をしますし、顧客たる納税者にアドバイスをし、「先生」と呼ばれることもあります。

しかし、一方で税理士は、納税者や実務の現場から多くのことを学ぶことができます。そして学んだことを明日の仕事に活かすことができますし、何より自分の人生に活かすことができます。税理士ほど学ぶ機会に恵まれた職業はないと思います。

このような職業はそうはないでしょう。若い方々には、将来の選択肢の1つとして税理士の仕事を研究することをオススメしたいと思います。

2 研究対象と研究方法

(1) 税法の学び方を知ろう

世の中のルールは法律で決めてあります。それは税法も同じですが、税法には他の法律と異なる大きな特徴があります。

それは、「社会の進歩に合わせて税法は毎年改正される」ということです。

民法がいつ作られたかご存知でしょうか？答えは、明治29年（1896年）です。その後、少しの修正はありましたが、ほとんどの民法の条文が現在もそのまま残っています。

しかし、税法は毎年少しずつ改正され、30年前の条文がそのまま残っていることはありません。これは、社会に多様な商品が登場し、多様な取引が登場するのに合わせて、税法も毎年改正されるからです。

たとえば、電子通貨が登場すれば、それに対処する改正がおこなわれます。税法を学ぶことは時代の最先端を学ぶことと同じなのです。税務は会社の帳簿を整理する地味な仕事に見えますが、一番最初に新しい商品やサービスについて対応するのは税法なのです。

また、「税金は法律で決まっているのだからそれに従い粛々と処理するだけ」そのように思われるかもしれませんが、実はそうではありません。

税法を解釈して実務の処理を実行するのは、極めて人間的な血の通った処理です。

千変万化する社会に条文を字句どおり当てはめて税金の計算をするのはそもそも不可能です。もし条文の字句だけで対処しようと思えば数万の条文が必要になってしまうでしょう。

それではなぜ少ない条文で税金の計算ができるのでしょうか？　意外に思われるかもしれませんが、答えは常識や価値観で解釈するからです。

では税法の常識や価値観はどのように学ぶべきなのでしょうか？

① **歴史に学ぶ**

まずは歴史から学ぶことがあります。

たとえば消費税。消費税は10％の税率で負担する必要があるのですが、非課税となる取引もたくさんあります。

土地の譲渡もその1つです。5000万円で購入する土地に500万円の消費税がかかっても不思議ではありませんが、土地の譲渡は消費税が非課税です。

利子も非課税です。借入金にかかる利子に消費税がかかることはないのです。これらは「消費」の考えにはなじまないからだと説明されますがそれで納得していたら思考停止です。

非課税になる理由は歴史にあります。

人々が自由に都市国家を行き来できる中世ヨーロッパでは、一生涯生まれた地域を離れない昔の日本人とは違い1年に一度税金（年貢）を徴収することはできません。そんなことをしていたら別の国に移動してしまうからです。そのためヨーロッパでは城門税、つまり、城門を通り抜け、都市に出入りする物資に課税したのです。これが消費税（付加価値税）の源流だと考えられています。

そう考えると土地の売買や借入にかかる利子がなぜ課税の対象にならないかがわかるでしょう。つまり、土地の売買や利子は城門税の対象にしようがないのです。そのような歴史から付加価値税では土地や利子が非課税となり、それを参考に作られた日本の消費税でも同様の取扱いになったのです。

筆者は学者ではありませんのでこれが学術的見地から事実なのかはわかりません。しかし、条文や「消費という概念になじまない」という一般的な説明では、土地や利子が非課税になる理由が説明できないところ、歴史で考えると土地が非課税である理由が上手く説明できます。このことが重要なのです。なぜならそうした説明ができるのは歴史の積み重ねで踏み固められた事実があるからです。

さて、日本の税金は法人税や所得税が中心でしたが、これも歴史で説明できます。「ご恩と奉公」、「一所懸命」、「五公五民」から始まって、土着した生活を元に進化してきたことが、日本の税金が所得税や法人税の中心になったルーツにあるのではないでしょうか。

日本では明治政府以降も土地に課税する土地税制を中心としてきました。政府が地券（沽券）を発行したように、自分の土地から移動しない日本人は、数百年の所得税（年貢）の歴史を持っています。そこから発展したのが、納税者みずから申告納税する所得税であり法人税なのです。

② 理屈に学ぶ

次に税法は理屈に学ぶことが非常に重要です。たとえば相続税には「小規模宅地特例」といって、亡くなった人が遺した自宅敷地や事業用建物の敷地に80％の減額を認め相続税の負担を軽くする制度があります。

この制度を定めているのは、税法の中でもたった1条の条文ですが（租税特別措置法69条の4）、これだけで何冊もの専門書が書店に並んでいます。あらゆる家族の形態に応じて相続される土地の相続税について、それぞれの相続税が減額できるかできないかを1つひとつ覚えていたらミスしてしまうのは確実です。

そこで理屈で理解するのです。条文をみると、この制度は被相続人が残した居住用・事業用の敷地で現に居住する、あるいは利用する相続人がいる場合に認める制度であり、それ以外の親族には認めない、ということが見えてきます。

これにさえ気付けば後は簡単です。仮に父と次男が同居していた居宅を、別居していた長男が相続しても減額はできません。現に居住していたのは次男ですから小規模宅地特例が適用可能なのは次男が相続した場合です。

長男が相続した場合にも相続税の負担軽減を認めるべきだという意見もあるでしょう。しかし、長男は自分が居住するために次男を追い出すかもしれません。税法がこれを肯定することはないということです。ここに税法的な正義感、価値観を見て取ることができます。

理屈を理解せずにこれを条文から字句として読み取るのは至難の業（わざ）です。

そしてさらに理屈の前提には社会や歴史で形作られた価値観や思想があります。財務省の役人は、税法条文を作るにあたり、まず、税法的な正義（価値観）から出発します。その法律条文によって税金をかけるのか節税を認めるのか、それは自然科学のように当然に決まるわけではありません。

価値観がなければ法律は作れないのです。先ほどの小規模宅地の特例であれば、自宅を相続した同居の親族には相続税の負担を軽くしてもよいだろうという価値観です。

だとすれば、条文から理屈を発見し、その理屈の前提にある税法的な価値観を税理士は見つけなければなりません。つまり法律を作る側とは逆をたどるのです。条文をマニュアルと考え、実務書を読んで申告ソフトで税金を計算するだけではおもしろくありません。

実は税法の学びにはオリジナリティがあるのです。これは独りよがりとは違います。なぜなら税法は、あらゆる取引や納税者の状況を整合的に適用できるものでなければなりません。

誰も気付いていない理屈を発見し、その理屈であらゆるケースへの条文の適用が説明できれば個々の要件を記憶することが不要になります。それを発見したときの喜びは格別です。税法には、新発見の喜びがあるのです。

(2) 税務調査について調べてみよう

税務調査の立ち会いは税理士業務の華です。税務調査は日常的におこなわれるもので、税務署の調査官が会社に臨場し帳簿書類などの資料を確認して正しく申告納税がおこなわれているかを中小企業であれば1～3日ほどかけて調査します。

その際に税理士が対応するために立ち会うのです。税理士にとって税務調査の立ち会いは最も気を使う場面になります。とくに問題がないような納税者の税務調査でも調査の前は胃が痛くなります。なにしろそれまでの自分の判断、納税者への指導が正しいか否かを税務署によって厳しく確認されることになるからです。

① 税務調査は税理士と税務署の協働作業

しかし、おもしろいことに税務調査こそが税理士に仕事を与えてくれています。考えてみてください。もし、税務調査が絶対にないと確約されたら、納税者は税理士に申告手続きを依頼するでしょうか。適当に申告しておけばよいのですから、わざわざ報酬を払ってまで申告業務を委嘱（いしょく）する必要はありません。

「いや、自分には国家権力である税務署とやり合うなんて無理だ」と思う人もいるかもしれません。しかし安心してください。調査官は税理士や納税者の意見はしっかり聞いてくれます。そのうえで見解の相違のある部分には納得できる着地点を見つけようとしてくれます。

税務調査の経験が豊富な税理士であれば、税理士の側から税務署に着地点を提案することもあります。税理士と税務署は妥協点を探す検討をするのです。その意味では、税務調査は納税者・税理士・税務署の協働作業とも言えます。

よく他の税理士から、『納税者からは「税金を安くしろ」と言われ、税務署からは「過少申告はないか」と指摘される板挟みの立場だからツライよ』、と言う声を聞くことがあります。しかし、これこそが税理士の存在価値なのです。納税者の思いと税務署の要請を調整できる立場にあるのが税理士です。税理士はむしろ両者から頼られる存在なのです。

税理士と税務署が妥当な落としどころを見つけたら、社長を説得するのは税理士の仕事であり、税法の素人である社長の思いを専門用語に翻訳して税務署と交渉するのも税理士の役割となります。

②「ゼロか100か」の終わり

税法の取扱いは、昭和、平成の時代を通じ税金裁判や税務調査の現場でのトラブルを通じてあらゆる論点が出尽くし、すべての項目について取扱いが確立していると言ってよいでしょう。

昭和の時代であれば、まだ不明確な論点が多かったため、税負担はゼロか100かで争う場面も少なくありませんでしたので、税務調査官としても条文の根拠が不明確ということであれば、ある程度強圧的な態度に出ざるをえなかったということもありました。納税者も感情的になってでも抵抗する必要もあったかもしれません。

いや、今でも「税法はグレーゾーンが多く解釈が不明瞭で税務調査では常にトラブルが生じるよ」と言う税理士もいることでしょう。

しかし、現在は現場の問題を吸い上げて税制改正が積み重ねられ、国税庁による法令解釈としての通達があらゆる項目にまで行きわたり、新たな情報が毎日のように国税庁のホームページで公表されます。

グレーゾーンと言っても100の理想的な解釈があるとして、90か110かで議論しているようなものです。この程度の幅であればうまく説明すれば90にできますから、それこそ税務調査は税理士の腕の見せどころになっています。通達を中心とするそうした課税庁の情報を把握していることが、税理士の最大の強みとなるのです。

③　税法も税理士も成熟した

最近は税務調査で税理士と調査官が深刻にもめることが少なくなったように思います。税理士によっては、「最近の調査官は調査のスキルが低下している」という人もいます。

しかし筆者はそうは考えません。税法が成熟し税務行政が完成されたことで、税理士が適正申告を助け、納税意識も向上したために必要以上にトラブルになることが少なくなったのです。

税務調査は真剣勝負です。ただしそこには信頼関係があります。2019年のラグビーW杯ではラグビー日本代表が大活躍しましたが、ラグビーの激しさは格別です。一歩間違えば命にかかわります。

あのようなタックルができるのは根本的なところで相手選手への信頼があるからでしょう。税理士と調査官はお互いの税務知識への信頼関係があるからこその真剣勝負で、同じことが言えると思います。

3　良い研究報告とするためのアドバイス
～税理士を目指す人へ

世の中には多様な仕事があります。そのどれを選ぶかであなたの人生が決まります。

そこで勇気をもって仕事を分類してみると、事業を経営するか、会社や役所に勤めてサラリーマンをやるかという大きく2つに分けることができると思います。サラリーマンの場合はさらに、営業職、事務職、研究職、作業をする人達に分類できるでしょう。さて、その中であなたはどの仕事に向いているでしょうか?

将来、どのような仕事に就きたいかを考えるうえで、その目標に向けて今からその仕事について研究してもよいでしょう。

筆者の仕事である税理士の場合は、自分自身が事業を経営する人達である一方で、事業を経営する人達をサポートするのも仕事です。

事業をする人達は、上司に命令された仕事、会社の役割としての仕事、決められた仕事をするのではなく、どのような仕事をするかを自分で決めて、どのような対価を請求するかを自分で決めます。つまり、仕事、生活、人生のすべてを自分で管理するのです。その活動を会計と税務という仕事を通じてサポートするのが税理士です。これはある意味で、非常に厳しい仕事です。

資格を持ち、税法という専門知識を持っているというのは、普通の事業経営者の方々に対して税理士が有する強みです。若いみなさんの中にも、税理士試験に挑戦したいと思ってくれる人がいたら嬉しいです。

ところで、優秀な税理士になるには何が必要かといえば、税法を好奇心の対象にして楽しむ気持ちです。「仕事だから楽しみたい」そのように考えている税理士が私の周りにはたくさんいます。スポーツでも勉強でも楽しんでやるヤツには勝てません。なにしろいくら頑張っても努力とは考えていないのですから。そうした仲間とワイワイ議論するのも筆者の楽しみです。

他の業界の例にもれず、税理士業界でも新たな業界参入者の減少、すなわち税理士受験生の減少が憂慮（ゆうりょ）されています。

しかし、税理士ほど良い職業はないと筆者は思っています。若い読者のみなさんであれば税理士を目指すのはチャンスかもしれません。親世代の読者の方々であればご子息、ご息女の進路として税理士の仕事を勧めてみてはいかがでしょうか。

6 スマート税務の課題——マイナンバーカードや電子帳簿が普及しないのはなぜか？

長濱和彰（ながはま・かずあき）
神戸市生。1974年から富士フイルム㈱で書類や文献の電子化事業に取り組み、2009年から（公社）日本文書情報マネジメント協会（JIIMA）専務理事として、電子帳簿保存法の規制緩和に尽力。2019年からSKJコンサルティング合同会社 代表業務執行社員。

1 研究テーマにおススメする理由

(1) スマート税務とは何か

突然ですが、みなさんは憲法が国民の権利を保障するとともに、義務も定めていることを知っていますか？

日本国民は、教育を受ける義務、勤労する義務、そして納税する義務を負うとされています。わかりやすく言えば、「勉強して仕事して税金を納めなさい」ということですね。国家や行政を維持するために税金を納めることは、これぐらい大切な義務とされているわけです。

国民や企業が納税義務を果たすためには行政への信頼感や納得感が必要ですから、行政はルールに則った適正で公平な課税（税額を決めること）と徴収（税金を納めること）に努める義務を負っています。反対に、国民や企業が納税義務を果たさない場合には、行政側で強制的に課税や徴税ができる権限も持っています。

私たち納税者が従うべきルール全般を税制度、略して「税制」と称しています。この中で、企業が税制に従っておこなう税務申告から納税までの一連の経理プロセスを一般的に「税務会計」と称しています[1]。ここでは略して「税務」としましょう。

では表題の「スマート税務」とは何を意味するのでしょうか？

「スマート税務」はスマートフォン、いわゆるスマホを使った税務申告だけを意味するわけではありません。役所で「スマート」という言葉を使う場合は、コンピュータネットワーク等の情報通信技術（ICT）を主に活用することを意味すると思ってください。そこで「スマート税制」とは、ICTを活用して適正で公平な課税と徴収を推進する税制度であり、その目的は「納税者の利便性と正確性の向上」と「行政サイドでの課税・徴収の効率化・高度化」である、と定義しておきましょう。

また、企業側から考えてみると、「スマート税務」とは、ICTを活用して取引記録、帳簿作成、納税申告に至るまでの税務処理プロセスを、すべて電子的に実施して正確でスピーディにおこなう仕組み、と定義しましょう。

さて、納税者（夏休みの自由研究に取り組む学生のみなさんもいずれは納税者となります）の視点から、スマート税務を進めるための課題について考えていきましょう。

まず、個人と企業での代表的なスマート税務の流れとそのメリットは図表6-1および図表6-2のようになります（60ページ）。

先ほど、「スマート税務」は、「ICTを活用して税務処理プロセスを、すべて電子的に実施することで、正確でスピーディにおこなう仕組み」で、その目的は「納税者の利便性と正確性の向上」と定義しました。

さらに言うと、「スマート税制」は、公平性を重視する税制度のために詳細で複雑化した税務

図表６－１　スマート税務―個人は確定申告にメリット

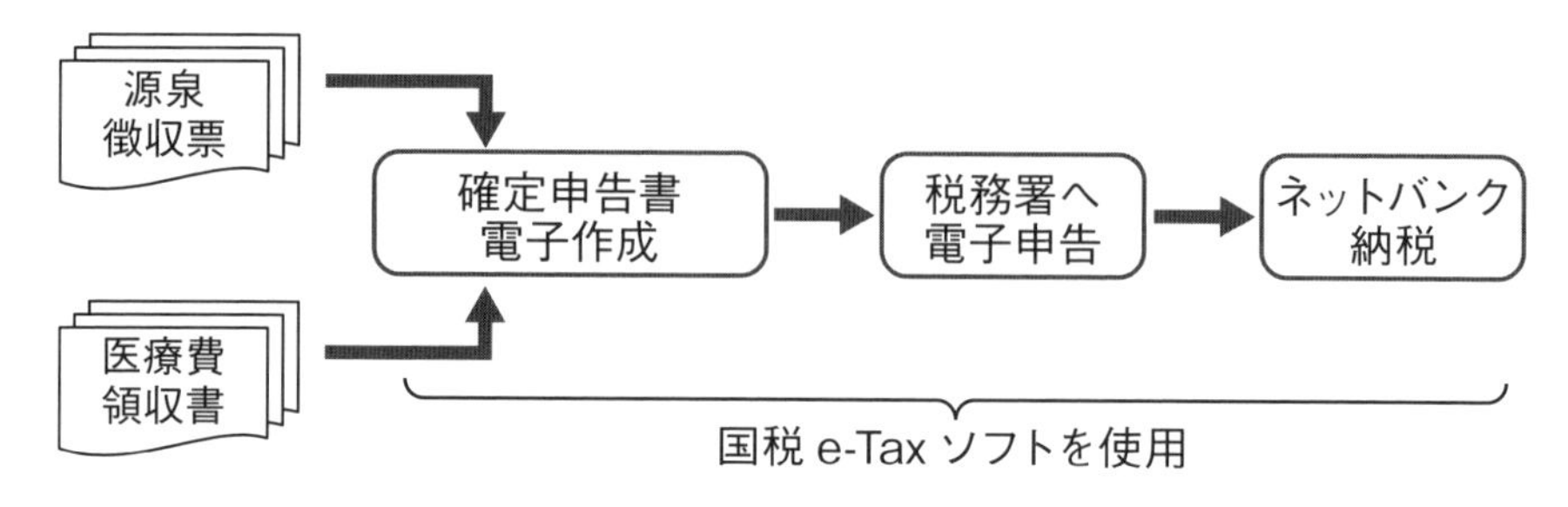

○PC やスマホから e-Tax ソフトを用いて，正しく確定申告書が作成できる。
○混雑する税務署に出向いて、行列を待つ必要がない。
○インターネットバンキングで納税までできる。
○相続など特別な場合を除き税理士に依頼せず、個人で申告できる。
○将来は源泉徴収票や医療費領収書の入力作業も、マイナンバーカードでアクセスする個人私書箱「マイナポータル」から自動転記できる構想もある。

図表６－２　スマート税務―企業は帳簿保存にメリット

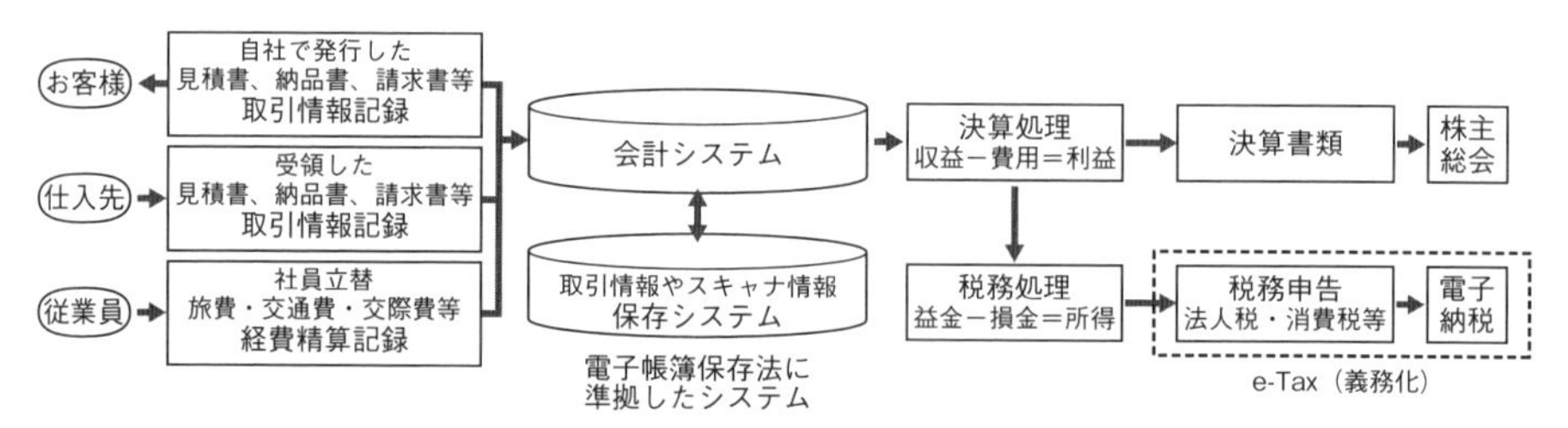

○全社共通メリット
　効率的で適正な経理プロセスが構築できるため、内部統制が機能する。
○経営者メリット
　帳簿と書類を相互関連させた多角的で迅速な検索→迅速な意思決定につながる。
○経理部門、監査部門のメリット
　月次、半期決算の正確性と迅速化を両立、外部監査や税務調査の対応も効率化、インボイス適格請求書など証拠書類の適切な電子保存が実現。
○従業員のメリット
　上司承認プロセス等が織り込まれた事務処理フローによる迅速な精算処理、書類の改ざん防止措置や訂正削除の履歴確保による不正行為の抑止効果。

図表６－３　日本の現役世代と高齢者層の人口予想

	2000年 実績値	2018年 実績値	2040年 推計値	2050年 推計値
現役世代 （15～64歳）	8,622 万人	7,545 万人	5,978 万人	5,275 万人
高齢者層 （65歳以上）	2,201 万人	3,558 万人	3,920 万人	3,841 万人
高齢者１人を支える現役世代数	**3.92人**	**2.12人**	**1.53人**	**1.37人**

処理ワークフローをＩＣＴ活用によって、できるだけ標準化を図り、修正等の手戻りを防止して効率化を図る仕組みでもある、と理解していただければと思います。

⑵　生産人口減少下での豊かな社会の維持は、生産性の向上でしかできない

いま日本社会は、急速に人口減少と高齢化に向かっています。言いかえれば生産人口＝納税者数が減少し、65歳以上の高齢人口＝年金生活者が増加しています。

内閣府の「令和元年度高齢社会白書」によれば、高齢者一人を支える現役世代数は、２０１８年2.12人から30年後には1.37人に減少すると推計されています。これは、１００人の老人を支える現役人数が２１２名から１３７名に35％も減る推計です。ゾッとしますが、20年前の２０００年では１００人の老人を現役世代３９２人で支えて

いました。

この厳しい環境で豊かな社会を維持するためには、労働生産性（国内総生産÷勤労人口）を上げてゆくしかありません。しかし、残念ながら日本の勤労者1人当たり労働生産性は837万円で、OECD加盟先進国36カ国の中21位にすぎません。これは、米国（1266万円）の3分の2程度、老大国と言われる英国（893万円）にも及ばない水準で、主要先進7カ国で最下位の状況が続いています[2]。

では労働生産性を向上するにはどうすればよいのでしょうか？

勤労者の人口は確実に減少しますから国内総生産は縮小します。この縮小均衡にストップをかけるために、積極的に移民を受け入れる道が考えられます。しかし、賃金水準低下や治安悪化のリスクが伴いますし、何よりも国の骨幹を変えてしまうリスクがあり、米国や欧州と同様に国論を二分するような大論争が巻き起こるでしょうから、簡単に決着するとは思えません。

現実的には30年後に30％減少する勤労者数でも、今の国内総生産を維持してゆく方策を考えることしかありません。そうすると、製造業の生産性はすでに先進国水準を上回っていますので、足を引っ張っている分野、具体的にはサービス産業や金融保険、情報通信等の第三次産業分野で事務生産性を向上する、言いかえれば少数精鋭で売上げを維持することが必要です。

(3) 総論賛成、各論反対の「スマート税務」

「少数精鋭で売上げを維持する」ための方策はいろいろ考えられると思いますが、その基盤としてICTを活用した生産性向上は不可欠だと思われます。

この時に重要なポイントは、仕事の処理手続き（会社では「ワークフロー」と言います）をできるだけシンプルなラインに単純化して、やり直しを少なくすることです。フランチャイズ店でアルバイトされたことのある方は実感されていると思いますが、仕事全体を担当者別に分業し、その人ごとの業務内容を標準手順化（マニュアル化）して、組織的に生産性を向上して行く手法があります。

「スマート税務」について言えば、今後は部分的にAI（人工知能）を活用した自動処理化が実現する可能性があります。自動化できるものは自動化する、という総論にはほとんど全員が賛成すると思います。異議を唱える人は、極めて少数派でしょう。

しかし、スマート税務を実現するための具体的な各論になると、2で述べるようにさまざまな課題があり、反対派や消極派がぜんと多くなってきます。そこで、私は自由研究のテーマとして、「個人」についてはマイナンバーの普及停滞、「企業」については電子帳簿保存の停滞、の課題を取り上げることをおススメしたいと思います。

なお、将来、国税専門官を目指したいという正義感の強い方は、「行政サイドでのスマート税制による課税・徴収の効率化・高度化」も重要なテーマですのでこちらのテーマに挑戦してみてはいかがでしょうか。

2 研究対象と研究方法

(1) 「個人」―マイナンバーカードの普及率が13%に停滞している理由は？

適正で公平な税制度でなければ、国民の信頼は得られません。しかし同時に効率化も必要です。このためには適正公平、かつ効率的な本人確認手段が必要です。

たとえばAさんが間違いなくAさんであって
Bさんではないことをスピーディに確認する手段が必要です。「当たり前のことを言うな」と思われるかもしれませんが、Aさんの国民年金をBさんが受け取るとか、高所得のCさんが貧しいDさんになりすまして課税から逃れるといった不正を防止する必要があります。

そこで2016年から登場した新制度が全国民に付与される「マイナンバー制度」です。マイナンバーは、社会保障、税、災害対策の分野で効率的に個人情報を管理し、複数の機関が保有する個人情報が同一人の情報であることを確認するために活用されます。

そのポイントは社会保障や納税申告時に添付書類が削減されるなどの国民の利便性の向上と、行政機関同士での個人情報連携による効率化、そして税や社会保障の平等な負担を図り不正を防止することにあります。

国民が誰でも無償で交付される顔写真入りのマイナンバーカードのICチップには、送信用にも受信用にも使える「電子証明書」による公的個人認証サービス機能が組み込まれています。これによって、マイナンバーカードは健康保険証や運転免許証に限らず、近い将来は民間にも利用が解放されて、企業のIDカードや銀行カード、クレジットカード、病院の診察カードなど財布に入りきらない各種カード情報をマイナンバーカードのICチップに記録できるという、まさしく「夢の計画」でスタートしました。

しかし交付開始3年を経た2019年4月の普及率（交付枚数／総人口）は、13.0％（男性14.1％女性11.9％）の低水準に留まっています。なぜ普及が停滞しているのでしょうか?

残念ですが、今のところマイナンバーカードの利用メリットは、①自分の戸籍情報がコンビニでも入手できる、②転出・転入届けが簡単にできる、③表面は身分証明書として使える、④国家公務員のみなさんの役所の入退時のＩＤカードに使える程度しかありません。

しかし逆にマイナンバーカード利用の危険性については、世間でさまざまな誤解が流布されています。主な誤解と、それがなぜ誤解なのか、政府の説明（↓以下です）は次のとおりです。

誤解①すべてのデータを１つの番号で管理することで個人の収入や資産、病歴などのデリケートな個人情報が漏えいする危険性

↓（マイナンバーカードは）個人番号を入手しただけですべての情報を抜きだす危険性を、はじめから回避した仕組みになっています。各行政機関で管理されているそれぞれの情報に対して、情報の照会や提供をおこなうだけに限定して機能します。たとえば健康保険証情報がＩＣチップに記録された場合でも、病院や診療所ではマイナンバーカードの顔写真で本人であることを確認しＩＣチップの被保険者資格情報をオンラインで支払基金に問い合わせるだけです。ＩＣチップには収入や診療記録等のプライバシー情報は記録されていないので個人情報の流失はありえない仕組みになっています。むしろ身代わり受診や失効保険証利用による未収金が大幅に減少し、国民の負担軽減につながります。

誤解②「12桁の個人番号」が流失した場合の危険性

↓行政機関や企業は12桁の個人番号を「特定個人情報」として厳重に管理することが義務付けられています。しかし犯罪的な行為によって12桁の個人番号が漏えいしてしまった場合でも、マイナンバーで情報の提供を受ける際には番号だけではなくマイナンバーカードや運転免許証、パスポートなどの写真付き資格証明書をあわせて提示して身元確認を受ける必要がありますから、なりすましによって悪用される危険性を未然に防ぐ効果を期待することができます。

誤解③マイナンバーカードを紛失した場合、不正利用される危険性

→紛失や盗難にあったときは、速やかにマイナンバー総合フリーダイヤルに電話し、利用の一時停止をおこなってください。その後に自治体窓口で再交付手続きをしてください。なお、マイナンバーカードのICチップには、税や年金、病歴などプライバシー性の高い個人情報は記録されていません。また、顔写真があることや暗証番号の設定などのセキュリティ対策により、悪用を防ぐ仕組みになっています[3]。

これらの情報が公開されているにもかかわらず、誤解がなかなか解けない理由は何なのでしょうか?

また同様の目的で始まった法人番号制度が抵抗なく受け入れられスムーズに普及している状況に対して、なぜマイナンバーは嫌われているのでしょうか?

まず2つの仮説が考えられます。

仮説1　そもそも国民は行政機関を信頼していないのではないか?

年金不正や統計不正、公文書廃棄など不祥事が相次いでおり、本音では行政機関を信頼していないのではないか?　マイナンバーカードのICチップにも、いずれは資産や医療などのデリケートな個人情報も記録されるおそれがあるのではないか?　と不安である。

仮説2　ITシステムは必ず障害や、情報漏えいのリスクが伴う。特にサイバーテロの標的

になって、個人情報が流失するおそれがあるのではないか？

マイナンバー先進国の韓国では、前大統領の個人情報まで流失した大事故を起こしている。

ＩＣチップに記録する情報範囲の拡張については、国民が政治を監視しつつ国会で審議される問題と思いますが、みなさんはどう考えるでしょうか？

情報漏洩やサイバーテロなどのＩＣＴシステムに付随するリスクに対しては、不断に対策をとり続けるしかありません。これは適正公平と効率化を求めてＩＣＴ化を進めるために伴う必要経費と考えて、対策してゆくしかないと考えます。国際サイバーテロリストに対して日本政府が勝利することを願うのみですが、みなさんはどう考えるでしょうか？

「適正公平な納税」をあえて避けたいと思っている怪しい人（？）が結構多いからなのかもしれませんが、すでにマイナンバー制度はスタートしていますから、コンピュータ調査による下調べで疑念が生じた人には、順番に漏れなく税務調査が回ってくるはずです。

スマート税務を進めるうえで課題の１つであるマイナンバーの普及停滞の本当の理由が何なのか、研究対象として興味深いと思います。

(2) 「企業」ー電子帳簿保存の申請件数が７％に停滞している理由は？

税法で定められた帳簿や書類の保存（７～10年間）について、紙の書面ではなく電子データやスキャナ保存する場合には電子帳簿保存法によって、所轄の税務署に事前申請する必要があるとされています[4]。

この申請数は２０１８年度で累計22万５千件強、そのうちスキャナ保存申請はわずか２８９

８件にすぎません[5]。ちなみに国税統計による法人数は３１１万法人もありますから、帳簿や書類を電子データやスキャナ保存している企業は7.2%に留まっている状況です。残り93%の企業は、旧態依然とした紙書面の帳簿や書類を整然と編綴（へんてつ）製本して保存し、税務調査に備えていることになります。

なお、実際の企業会計や税務会計は、企業システム内の会計ソフトやスキャナ装置を使って電子的に処理されていると推察されます。したがって、93%の企業が電子と紙書面の二重管理で運用し、税務調査には紙書面で対応していることになります。これは明らかに事務管理コストの増加、すなわち事務生産性の大幅な低下を招いていることになります。

国税庁は２０２０年度からの電子納税申告義務化に合わせて、企業に対し「帳簿書類の電子データ保存をはじめてください」とパンフレットまで作成しており[6]、紙書面から電子保存への移行は今が絶好のチャンスなのですが、２０１８年１年間の電子帳簿保存の増加数をみてもプラス２万４６６７件に留まっている状況です。

加えて消費税の軽減税率導入に伴って２０２３年からインボイス請求書の発行と保存が義務化されることになっています[7]。こうなるとペーパーワークをあきらめて、すべて電子処理化し、月次ごとに税率別の消費税額を自動集計するなどのITC処理をおこなわない限り、税務処理が回らないことは明らかだと思います。にもかかわらず電子帳簿の申請数が停滞しているのはなぜでしょうか?

私からは２つの仮説をお示しします。

仮説１　「伝票と帳簿と印鑑の企業社会」から脱皮できない。

電子データで帳簿や書類を効率的に作成・保存して電子申告につなげる建前はわかるが、経理部長が立案し社長が決裁印を捺印した決裁書によって月次、半期の決算が完了するので、全部電子では会社が回らない。また決算関係書類の原本廃棄などは、おそろしくてとてもできない。

仮説2 税務署に電子帳簿保存の申請をおこなうこと自体が、荷が重い。

社長や経理部長等の幹部ほど、過去の税務調査で徹底的に調べられ対応に苦労した悪夢があって、税務署への抵抗感が強い。本音では電子化して洗いざらいコンピュータ調査を受けるのはたまらない、と思っている。

仮説1について、私は「とりあえず保存ボリュームの多い契約申込書や固定資産台帳などから、順次電子保存を始めること」を提案しています。

印鑑は社会慣習として残るとしても、印鑑証明書の印影は実は簡単に偽造されてしまう危うい仕組みで、公的な電子証明には及びません。「原本廃棄はおそろしくてできない」と言われても、そもそも原本が電子記録なのです。紙の原本の帳簿書類や決裁書への捺印にこだわっている時代はもはや終わったと考えますが、若いみなさんはどのように考えますでしょうか？

仮説2の税務署へのおそれに対しては、私は「10年前と現在の税務行政の考え方は180度変わっており、むしろ電子化を推進する企業のほうが好印象をもたれますよ」とアドバイスしています。

電子帳簿保存には適正な事務処理要件などの内部統制（社内で不正がおこなわれないようにする仕組みと思ってください）が要件とされるため、税務署も電子保存・電子納税を勧めている時代なのです。適正な電子保存と電子申告をおこなっている税務コンプライアンスの高い企業には、税務調査の頻度を少なくするなどの緩和措置も考えられている時代ですから、税務調査で不利益をこうむる心配は無いと考えますが、若いみなさんはどう考えるでしょうか？

3 良い研究報告とするためのアドバイス —将来を拓くために共通する課題

少し難しい言葉ですが経済学に「合成の誤謬（ごびゅう）」という用語があります。一人が最良の行動をしても、多数の人々が同様の行動をした結果、組織全体にとってはマイナスの結果を招いてしまう事象です。

たとえばトランプ大統領による強引な関税引上げによる貿易収支の改善策によって、短期的にアメリカの貿易収支は改善するかもしれませんが、長期的には相手国の対抗措置によって全体の貿易量が縮小し、世界経済が不況に落込むリスクが高まってしまいます。

マイナンバーカードの普及停滞や企業の電子帳簿保存が進まない問題は、小さなテーマのように思われますが、電子立国で将来を拓くしかない日本にとって、実は共通する、しかも隠れた大きな課題ではないかと考えています。

将来を担う若いみなさんには、この課題を乗り越えるための方法を考えてほしいと思います。

（注1）企業会計と税務会計の違い

企業会計の目的は、株主や債権者等の利害関係者に企業の期間利益や財務状況を企業会計原則に拠って報告することにあります。基本は【収益－費用＝利益】です。

税務会計の目的は、税法に拠って納税額を算出することにあり、基本は【益金－損金＝所得】です。会計上の利益と税務上の所得は、通常は一致しません。

（注2）（公財）日本生産性本部「労働生産性の国際比較」2018年版による。

（注3）内閣府ホームページ「マイナンバー　もっと便利に暮らしやすく」より一部省略引用。

（注4）紙の書面をはじめから用いない電子取引の保存については、税務署に申請する必要はありませんが、帳簿や書類と同様に7～10年間の保存が義務づけられ、罰則も同様に適用されます。

（注5）国税庁　統計情報「電子帳簿保存法に基ずく電磁的記録による保存等の承認状況平成30年」

（注6）国税庁パンフレット「はじめませんか、帳簿書類の電子化！」、「はじめませんか、書類のスキャナ保存！」参考　https://www.nta.go.jp/law/joho-zeikaishaku/sonota/jirei/08.htm

（注7）インボイス請求書……事業者が正確な適応税率や税率別の消費税額を記載して請求するため事業者登録番号を記載した請求書。電子請求と電子保存が認められています。

税金について税務署と法廷で争う
——租税訴訟のおもしろさ

佐藤修二（さとう・しゅうじ）

1997年東京大学法学部卒業。2000年弁護士登録。2005年ハーバード・ロースクール卒業（LL.M., Tax Concentration）。2011年～14年、東京国税不服審判所国税審判官。現在、岩田合同法律事務所弁護士・東京大学法科大学院客員教授（租税法科目担当）。

1 研究テーマにおススメする理由

(1) 暮らしに身近な税

税金というと、学生のみなさんが身近に思い浮かべるのは、買い物のときにかかる消費税くらいかもしれません。

でも、学生のみなさんのお父さんやお母さんは、会社で働いていたり、あるいは、お店を経営したりして、みなさんの家族が生活するためのお金を稼いでいると思います。そのように稼いだお金のうち、一定の割合を、「所得税」という税金として、国に支払うことになっています。

また、相続や贈与と言って、みなさんのおじいさん、おばあさんからご両親に対して、財産が引き継がれることがあります。そのような場合、財産を受け取った人に対して、「相続税」、「贈与税」という税金がかかってきます。

このように、人々の生活は、税金とは切っても切り離せない関係にあります。

(2) 税金が徴収されるまでの基本的な流れ

次に、所得税や、相続税・贈与税といった税金が、実際にどのように支払われるのかについて見てみましょう。

税金は、政府に対して、政府が国民全体のためになる活動をするために支払われるものです。たとえば、警察官が活動するためにお給料を支払ったり、みんなが使う道路や橋を造ったりするためには、お金が必要です。税金は、政府が、このような活動をするための資金として使われます。

それでは、税金は、どのような手順に従って支払われるでしょうか。

サラリーマンとして会社に勤めている人の場合には、会社がお給料を支払う際に、所得税の分の金額をあらかじめ差し引いて（これを、天引き、難しい言葉では「源泉徴収」といいます）、お給料をもらう勤め人の代わりに、会社が政府に（具体的には、税金に関する事務を取り扱う「税務署」という役所に）税金を納めています。

これに対して、お店を経営していたり、農業をやっていたりする、自営業者と呼ばれる人の場合はどうでしょうか。

この場合は、自営業をしている人が、自分で、毎年、その年に稼いだお金（税金の専門用語で、「所得」と言います）の金額を計算し、その所得の金額を元にして、税金がいくらかかってくるかを計算して、税務署に申告をすることにより、支払うべき税金の額（税額）が決まります。

計算の仕方の基本は、所得に対して、一定のパーセンテージ（「税率」と呼びます）を掛け算する、というものです。こうして決まった金額の税金を、税務署に納める、ということになるわけです。

(3) 税金の金額について税務署と意見が違ったら？

ところが、これだけでは話が終わらないことがあります。

先ほど、税金の額を決めるためには、「所得」の金額を決める必要があると言いました。この「所得」の金額は、事業をおこなうことによって入って来たお金（収入）から、事業をおこなうために必要であったお金（必要経費）を差し引くことによって計算されます。

たとえば、八百屋さんで、きゅうり一本を100円で売ったとすれば、100円の収入がある一方で、そのきゅうりは、市場でたとえば30円で仕入れてきているはずです。そこで、100円−30円＝70円が、八百屋さんが稼いだお金、すなわち、「所得」となります。

しかし、実際には、これほどわかりやすくはない事例もあります。たとえば、私は弁護士をしていますので、弁護士の例を挙げてみましょう。これは、実際に裁判にもなった事件です（東京高等裁判所の平成24年9月19日の判決で、「税務訴訟資料」というネット上にある資料で全文を読むことができます[1]）。

弁護士は、「弁護士会」という団体を作っています。そして、弁護士の中には、弁護士会の運営に深く関わって、会長や副会長になる人がいます。そのように、弁護士会の会長や副会長として仕事をする際に、弁護士同士のお付き合いのために、夜の食事を一緒にしたり、ゴルフに出かけたり、ということがありますが、それにはお金がかかります。このとき、そのようなお金は、きゅうりを100円で売った八百屋さんの30円のように、弁護士の収入から差し引くことのできる「必要経費」になるでしょうか。

ここで、弁護士が何をしてお金を稼いでいるか、ということを考えてみましょう。弁護士は、いろいろな人や会社の法律に関する相談事に対応して調査・回答をしたり、裁判をすることになれば、依頼をしてくれる個人や会社の代わりに、法廷に立って主張をします。弁護士は、このような仕事をすることによって、お金をいただいています。

そうすると、弁護士が、弁護士会で会長や副会長として仕事をし、その仲間と食事をしたりゴルフをしたりするための費用は、はたして「弁護士の仕事をするうえでの必要経費」と言えるのか、疑問が出てきます。

この事例のように、少し話が複雑になって来ると、何が必要経費か、ということについて、はっきりわからなくなることがあるのです。

ここでは必要経費の例を挙げましたが、何が収入に当たるのか、ということがはっきりしない、という場面もあります。税金を計算すると言っても、みんなが納得する答えが出にくいことがあるのです。

そこで、八百屋さんや弁護士のような自営業者は、いったんは、自分で、「これが収入だな、これが必要経費だな」ということを1つひとつ確認して、税務署に申告し（これを「確定申告」といいます）、基本的には、この確定申告によって、税額が決まることになります。

しかし、先ほど述べたように、弁護士会の会長をやっている弁護士が、「この前、副会長と一緒に食事をしたときの代金は、必要経費に入れておこう」と考えて、確定申告をしたとしても、これを受け取った税務署の側では「その食事代は、弁護士の本業には関係ないのではないか？　弁護士会での活動なんて、ただの遊びではないか。その食事代が必要経費になるのはおかしい」と考えるかもしれません。

このとき、税務署は、確定申告の内容がおかしいと思った場合、確定申告をした人のところに出向いて、食事代の領収書や、色々な書類をチェックする、ということがあります。これを「税務調査」といいます。税務署も忙しいので、税務調査は誰にでもおこなわれるわけではないですが、自営業をやっていれば、税務調査がたまには来ることも、覚悟しておく必要があります。

この税務調査で、税務署の人たちがいろいろと書類を見たうえで、「あなたの税金の計算は間違っている」という指摘を受ける可能性があるわけです。

しかし、その指摘に対して、税金を払う側も、納得する人ばかりではありません。先ほどの例の弁護士さんで言えば、「弁護士会の活動は遊びなんかじゃない。弁護士という、困った人がいれば法律を武器にその人たちの権利を守る、大事な仕事をする環境づくりのために、そういう団体が必要なんだ。だから、弁護士会の仲間と食事した時の代金は、必要経費になるに決まっている！」と、なりました。

さて、このように税務署と意見が合わなかったら、どうなるのでしょうか。

まず、税務署は、政府の機関として、納税者と意見が合わない場合には、強制的に、税務署側の意見に基づいて税額を計算し、その税額を支払え、という命令を発することができます。これを専門用語で「更正処分」と言います。

でも、更正処分が出たとしても、納税者は納得できないなら、税金を払いたくありませんよね。その場合、納税者はどうしたらよいのでしょうか。

政府機関である税務署から命令が出たわけですから、放っておいて、払わないというわけにはいきません。それでも、その命令の内容を争いたい、という場合には、裁判所に対して、訴えることができます。

こうした場面で、裁判に訴えるお手伝いをするのが弁護士の仕事なのですが、今回の例に挙げた弁護士さんの場合には、自分自身に対する税務署の更正処分が納得できないということで、人のお手伝いとしてではなく、自分自身が裁判所に訴え出ることになりました。

学生のみなさんのなかで、社会科が好きな人は、政府というのは強いものだから、政府と裁判で戦っても、勝てないのではないか、と思う方もいるかもしれません。確かに、普通の一国民が政府と裁判で戦って勝つのは、なかなか大変です。でも、裁判所というのはなかなか公正なところで、裁判官に、「この人の言っていることはもっともだな」と思ってもらうことができれば、国が相手であっても、勝たせてくれることがあります。実際に、そのような、訴え出た国民の側が勝つ、という事例は、少しずつ、増えて来ています。

現に、今回取り上げた弁護士会での活動のための裁判でも、紆余曲折はあったのですが、最後には、訴え出た弁護士さんが裁判に勝つことができました。勝てた理由には、弁護士会というのは、その弁護士さんの言うとおり、弁護士同士のお付き合いや遊びでやっているわけではなくて、法律を武器に国民の権利を守るという弁護士の職業がきちんとやっていけるように、弁護士みんなで団体を作って、協力しよう、というものだ、と裁判官がわかってくれたからだと思います。

税務署の人は、弁護士会がそのような役割を果たしているとは、知らなかったのかもしれません。税務署の人が、世の中のすべてのことについてくわしいわけではないのは、仕方がないことのようにも思います。

そのような場合に、いや、税務署はそう言うけど、違うんだ、と主張して争って行けるのが、税に関する訴訟であり、こうした訴訟は「税務訴訟」や「租税訴訟」と呼ばれています。

(4) 租税訴訟のおもしろさ

租税訴訟は、先ほど述べたように、国を相手にする訴訟です。この強い相手である国を相手に、勝つことも、今はめずらしくなくなってきたのです。強い相手に、知恵を絞って挑戦して、勝てるなんて、ワクワクしないでしょうか。実際に勝っているのは、どんな事件で、どんなふうに戦っているのか、興味はないでしょうか。これが、租税訴訟を研究する醍醐味だと思います。

2 研究対象と研究方法

過去にどのような事件で裁判がおこなわれたか、ということは、「判例」と呼ばれる過去の訴訟事例を集めた本などによって調べることができます。

でも、法律や裁判というのは、堅苦しくて、取っつきにくいものです。実際の世の中では、法律で決まっているルールも多いため、法律はとても大事なものですが、使われている言葉も難しく、なじみにくいことは否めません。

そこで、そのとっかかりとなるかもしれない本を、紹介しておきます。『実務に活かす！ 税務リーガルマインド』（日本加除出版、2016年）という本です。この本は、私が書いたもので、過去に訴え出た国民の側が国を相手に勝利した裁判の事例を集めました。「租税訴訟でどうして勝てるのか？」ということに興味があれば、最初に手に取る一冊としては、悪くないだろうと思います。

そのうえで、もっとくわしく租税訴訟について調べてみたい、という方には、中里実ほか編『租税判例百選』（有斐閣、2016年）や、金子宏ほか編『ケースブック租税法〔第5版〕』（弘文堂、2017年）という、重要な過去の裁判事例を集めた本もあります。

また、佐藤英明『プレップ租税法〔第3版〕』（弘文堂、2015年）は、そもそも税金と法律はどう関係するのかを、できるだけわかりやすく知りたい、という場合に、入門書としておススメです。

また、日本経済新聞社編『税金考』（日本経済新聞社、2016年）も、世の中で起こっている、納得できない税金問題や、それを訴訟でどうやって解決したか、という話が具体的なケースで出てきて、興味深いです。

3 良い研究報告とするためのアドバイス

前記のとおり、法律や裁判というのは言葉が難しいため、どうしても取っつきにくく、租税訴訟の研究の難易度は、高いかもしれません。

とっかかりとしては、先ほどおススメした日本経済新聞社編『税金考』（日本経済新聞社、2016年）を読んでみてはどうでしょうか。

そのうえで、何とか調べてみよう、と思ったら、私の『実務に活かす！ 税務リーガルマインド』は、法律を知らない人にもできるだけわかりやすいように書いていますので、これをまずはパラパラと見てほしいと思います。この本の中で興味を持った事例があれば、判例を掲載した雑誌で、判決の全文を読むことも可能です。そうやって興味を深めていくと、おもしろい研究になるのではないかと思います。

（注1）https://www.nta.go.jp/about/organization/ntc/soshoshiryo/kazei/2012/pdf/12040.pdf

小学生YouTuberが知っておくべき税務知識

濱田康宏（はまだ・やすひろ）
税理士・公認会計士　濱田会計事務所所長。
2007年所長就任、現在に至る。主な著書に『役員給与』（中央経済社、2018年）など。

1 研究テーマにおススメする理由

YouTuberとして活躍する小学生の話もめずらしくない現在、YouTuberがなりたい職業の上位にいることは、ある意味当然でしょう。では、そのYouTuberになったとして、税についての知識を得ていなければ何が起きるのでしょうか？　税は、まさに、今の小学生が知るべき知識かもしれません。

知りたいことから学ぶ、というのが学問の基本であることは、すべてに通じる話です。であれば、人気の職業を入口に学ぶことは、本来のやり方でもあると考えます。

税については、税理士会を中心に、小中学生に租税教育がおこなわれ、社会構成員としての会費としての税の役割・税の使途などを学ぶ機会が与えられています。それはそれで大事なことなのだろうし、継続していくべきことでしょう。

しかし、そのような学びは、ある意味、別世界への旅と同じではないかとも思うのです。その時その時は、それなりに興味を感じたり、楽しんだりするかもしれません。しかし、今の自分の延長線上で税を捉える、ということにはならないのではないでしょうか。

たとえば、何かを買えば消費税がかかります。そのことは日常生活にリンクしているから、消費税を知ったことになるのではないかとの意見もあるでしょう。しかし、それはあくまでも静的なものにすぎません。「今どうか」を知るものにすぎないのではないか、と思うのです。

小学生が知るべきことは、まさに、「これから」「自分がどうしていくか」ということでしょう。その意味で、動的なインセンティブを与えることこそが、教育における重要な視点だと思うのです。そして、そのような視点で子供が学んでいくことは、大人である親にとっても、おそらく、興味深いものになるのではないでしょうか。

ポイント

学ぶことへのとっかかりとして、まさに興味のあることを学んでもらうという視点が重要。

2 研究対象と研究方法

(1) 考え方

深入りする必要はなく、知らなければ、どんな社会的制裁を受けてしまうことになるのかを知ることが、まずは重要でしょう。

その意味で、すでに報道されている脱税事例などを中心に取り上げていき、その結果、どのようなことを招くのかを知ることは、きわめて大切でしょう。

税金の知識は、通常は、まずは、「所得税の考え方を学んで、それから」というアプローチをとる例が多いでしょう。しかし、それでは、子供の興味がわく前に、講義が終わってしまう、大人たちが、過去に中学校や高校の授業で経験したことを繰り返すだけになります。

そこで、ここでは、まずは失敗事例から入っていき、何が問題とされて失敗したのか、ということを後で確認していくというアプローチをとるべきであると考えます。

実際、「儲(もう)けに対して、税金という社会の会費を払うのだ」、という考えそのものは、それほど理解がむずかしいとは思いません。むしろ、その会費を払わなかった時に、自分や自分の身内に、どのような不利益が生じるのか、という点についての実感を与える点を目標にすべきでしょう。

ポイント

脱税や無申告による制裁の内容を報道事例で学ぶことで、なぜ、そうすべきか、なぜそうしてはならないのかについての実感を涵養(かんよう)してもらう。

(2) データ採取方法

① Googleニュースの活用

当然ですが、インターネットで検索することが基本です。Googleニュースで用語を登録しておけば、常に最新のアラートが通知されることになります。

YouTubeを利用する人は、Googleアカウントへのログイン環境はあるはずです。Googleニュースで用語登録しておけば、関連するニュースが自動的に配信されることになります。

公式には、アラートの作成が推奨されています。

アラートの作成（Google検索ヘルプ）
https://support.google.com/websearch/answer/4815696?hl=ja

しかし、実際には、Googleニュースで用語検索すると、その時点で、その用語での検索条件を保存するボタンがブラウザの右上に登場するので、その「☆保存」を押すだけのほうが簡単でしょう。

これだけで、Googleニュースの左側にあるサイドバーの「保存済み検索条件」に登録されたことになるので、後は、それを定期的にクリックすればよいことになります。

もちろん、自分でクリックせず、前記のようにアラートを作成してもよいので、好みで使いやすいほうを利用してもらえばよいでしょう。

ポイント
Googleニュースで検索して、その条件を保存してしまう。

② 検索結果テキストの保存

このニュースをテキストで採取する方法は知っておく必要があります。Windowsのメモ帳でもMS-Wordでもよいので、ブラウザ上の記事をマウスで選択して、「Ctrl+C」でコピーし、「Ctrl+V」でメモ帳などに貼り付けておくこと、そのＵＲＬも同様にコピーして貼り付けして、テキストファイルやワード文書に保存することを教えておきます。

もちろん、Googleドキュメントの利用が可能であれば、それでも構わないでしょう。パソコンでのネット接続環境を与えられている子であれば、むしろそのほうがよいかもしれません。

テキストファイルやワード文書・Googleドキュメントでの検索には、Ctrl+Fで用語検索ができることも重要かもしれません。量が多いようであれば、Wordの目次機能などを使って整理してもよいかもしれませんが、ここでは省略します。

大事なことは、ネットのニュースは一定期間が経過すると、配信停止されるものが相当数あることです。この作業には、そのつど、テキストで自分のパソコンに保管しておくことが必須であることを説明しておく必要があります。

ポイント
大事なデータはそのつどファイルに保存しておく。

なお、データを失うリスクに備えて、バックアップの方法と重要性についても、十分説明しておくべきでしょう。研究が完成直前ですべてのデータを失ってしまっては、インセンティブを与えるどころか、逆効果になります。

(3) 採取すべきデータ対象

YouTuberに必要な税務知識を知るために、Googleニュースでどのような言葉を登録すべきかですが、キーワードとしては、

- **脱税**
- **ネット**
- **インターネット**
- **確定申告**

といった用語を登録すべきでしょう。

そして、脱税報道事案を中心に、どういう問題が生じたのかを確認することが、本研究の中心課題となるでしょう。

ポイント
キーワードからたぐって、あくまでも脱税事例を中心にみていく。

(4) 注意すべき事項

① 所得税と法人税との違い

会社という団体の儲けに対して課される法人税と、個人の儲けに対して課される所得税との違いについても知っておく必要があるでしょ

う。法人の定義は深入りすると厄介なので、課税の仕方として、団体での課税と、個人での課税の2種類があることと、その税目の区別だけを押さえておくことになります。

② 申告・納税の必要性と期限の存在

所得税・法人税については、自分自身が申告という形で国への報告書を提出する必要があることも知っておく必要があるでしょう。税目によっては、賦課という形で「通知された額を払え」、という税目もありますが、所得税は自分自身が儲けを計算して、申告するという方式を採用しています。

そして、申告により、納税が必要であることの意味について、申告期限・納期とともに理解する必要があります。単に報告すればよいだけでなく、その報告には期限があり、さらに、それに見合った資金を調達して、期限までに納税が必要だということも知ることになります。

研究する者は、自分が稼いだものの一部について、納税が生じる、それには期限があり、そのための儲けの計算が必要だということを理解することになります。儲けの全部を自分のために使ってしまうと、納税で困るということもわかるようになるでしょう。

ポイント

申告・納税と期限の関係を実感させる。

ここで、申告方式については、なぜそのような仕組みになっているかとの疑問が出てくるようであれば、複式簿記導入前であるシャウプ勧告前の日本企業の一般的記帳状況の悲惨さを説明して、アメとムチとしての青色申告納税制度の納税まで説明する余地が生じるかもしれません。ただし、あくまでもそれは脱線であるので、独りよがりにならないよう注意すべきでしょう。

(5) 本税と附帯税との違いと税務調査

前述の期限までに納税すれば、決められた額だけの納税で済みます。つまり、本税だけの納税だけで済むということが、当たり前でも重要な説明事項でしょう。

もし、後になって、納税額が本来納付すべき額に足りないことがわかれば、追加して支払うべき税額として、附帯（ふたい）税が生じるということを説明すべきことになります。附帯税の具体的内容は、脱税報道事例などを見ていけば理解できることになるので、ここで強調しておくべきことは、最初からきちんと申告・納税しておけば、本税部分だけの納税で済んだにもかかわらず、そうでなく後から支払う場合には、本税以外の納税という余分な支出が必要になるということです。

真面目に申告・納税するということのインセンティブがどこにあるのかを明確にしておくことは、いずれ社会の構成員となる子どもたちにとって、とりわけ重要です。そして、ウソをついて過小に申告した場合に、それが発覚する契機（けいき）として、税務調査があるのだ、ということは研究を通して知ってもらいたいことです。

また、税務調査前にみずから間違っていたとして、本来の税額を申告・納税する場合、国はペナルティを一部減額してくれる仕組みを導入していることも知ってもらいたいところです。正直者がバカを見ない仕組みがあるのだと理解できるはずです。

そのうえで、脱税報道事例を見て、税務調査がどのような形でおこなわれるものか、ということを学んでもらうことになります。

なお、税務調査についてさらに知りたいとなったら、映画「マルサの女」を紹介するのはどうでしょうか。多少大人向けの表現があることは目をつむれば、今でも、最高級におもしろいエンーテインメントの1つだと言ってよいはずです。

(6) 附帯税で済まない脱税で被るデメリット

ある意味、ここまで読み進められた方には、言うことではないかもしれませんが、脱税のデメリットには、本来払うべきだった本税や附帯税を支払うこと以外に、その人や会社の生活がめちゃくちゃになってしまうということがあります。

最近の報道事例で言えば、「青汁王子」事件などは良い例と言えるでしょう。課税庁をバカにした結果が招いた自滅事例として好適です。

(7) 研究におけるマナー

税務そのものの話ではありませんが、その手前の社会常識として、研究報告は丸写しはダメだということは当然です。

出典の明示をおこなうとともに、必要最低限度の引用を、引用であることが読者にわかる形でおこなうべきこともしなければなりません。

丸写しがダメなのは、先行研究など先人の著作物に対する敬意がなく、権利も侵害することになるからです。また、自身の著作物にオリジナリティがなければ、文章を書く意味がありません。

ネット時代になり、何でも「調べてコピペで終わり」と考えている人間が増加しつつある感がありますが、これは非常に危険でしょう。

3 良い研究報告とするためのアドバイス

(1) 所得税における知識

税務知識を知ることがさらにおもしろくなってきたようであれば、儲けの計算における重要事項についてさらに調べてもよいでしょう。

① 必要経費の概念

儲けから引けるものを必要経費と呼びますが、この必要経費というのは、支払いがあれば何でも儲けから引けるわけではない、ということは、大人でもよく勘違いしていることです。

あくまでも、収入が先にあって、その収入を得るために、必要な支出だから、必要経費と呼んでいるのだと、理解すればよいでしょう。「何でもいいから領収証をくれ」、という大人達の行動が間抜けに見えてくるかもしれません。

なお、子どもたちのお父さんには、「領収証」という歌があるので、一度視聴されることをおススメします。ただ、子どもにはまだ意味不明でしょうが……。

② 所得の種類と規模

YouTuberを職業にした場合、規模によって、事業所得になるか、雑所得になるかという話になってくるでしょう。正直、小学生には難しすぎる話であり、お父さんにしか興味がない話ですけれど。

なので、ここではくわしいことは省略しますが、事業所得になるか、雑所得になるかの判断を間違うと、場合によっては、脱税とされる場合もあるということは注意喚起しておきます。

かつて喧伝された「無税入門」という一種の脱税指南書の罪は重いとだけ、ここでは言っておきたいと思います。

③ 権利確定主義（発生主義）と現金主義

実際の所得計算では、現金ではなく、権利確定主義ないし発生主義による計算になるということも、実務では重要ですが、ここでは省略します。

(2) 消費税における知識

YouTubeの場合、消費税の問題がいろんな局面で登場することになります。しかし、これも小学生向きではないので省略します。

さいごに

税を知る入口として、いま、人気のYouTuberという職業を選んでみましたが、間口は広げることがいくらでもできるでしょう。ただ、職業の人気度だけで言えば、射倖性の高いジャンル（競馬予想・キャバ嬢）に手が伸びる可能性もあったりします。

また、将来、YouTuberになるのではなく、会社員などになるとしても、副業としてのネット配信などをおこなうことは考えられるでしょう。そもそも、ネット配信での手数料収受について、今、ネット配信をしている人たちの中にも、申告すべきものだとすら、考えていない人も多いでしょう。

本稿が、小学生およびそのお父さんたちに役立つことを祈念しつつ、筆をおきます。

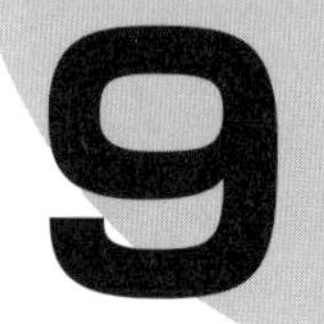

医療・介護と税の支援策

鈴木克己（すずき・かつみ）

税理士。2014年鈴木克己税理士事務所を開設し、医師・医療法人等の税務、医業承継やM&A等に係るコンサルティングに対応。著書に『Q&A医療法人制度の実務と税理』、『Q&A医療機関M&Aの実務と税務』（ともに財経詳報社）、『医療に強くなるための税理士になるための教科書』（税務経理協会）。

1 研究テーマにおススメする理由

人はいつまでも健康でいたいと思いながらも、一生の中でほぼ確実に病気やケガに遭遇（そうぐう）します。人によっては、要介護状態になってしまうこともあるでしょう。

病気やケガ、要介護状態になってしまうと医療機関で治療を受けたり、介護のサービスを受けたりしますが、それらを受けることには一定の負担を伴います。

確かに日本には、医療や介護について公的な保険制度が整備されていますが、実際に治療や介護サービスを受けた場合には、まったくの負担なしというわけにはいきません。公的な保険によって治療や介護サービスに要した全費用がカバーされているわけではなく、自己で負担しなければならない部分もあり、高齢化に伴う病気やケガの治療、介護状態が長く続く場合には、相応の自己負担になります。

もし、医療や介護に伴って、その費用を支出した場合には、税制面ではどのような支援の仕組

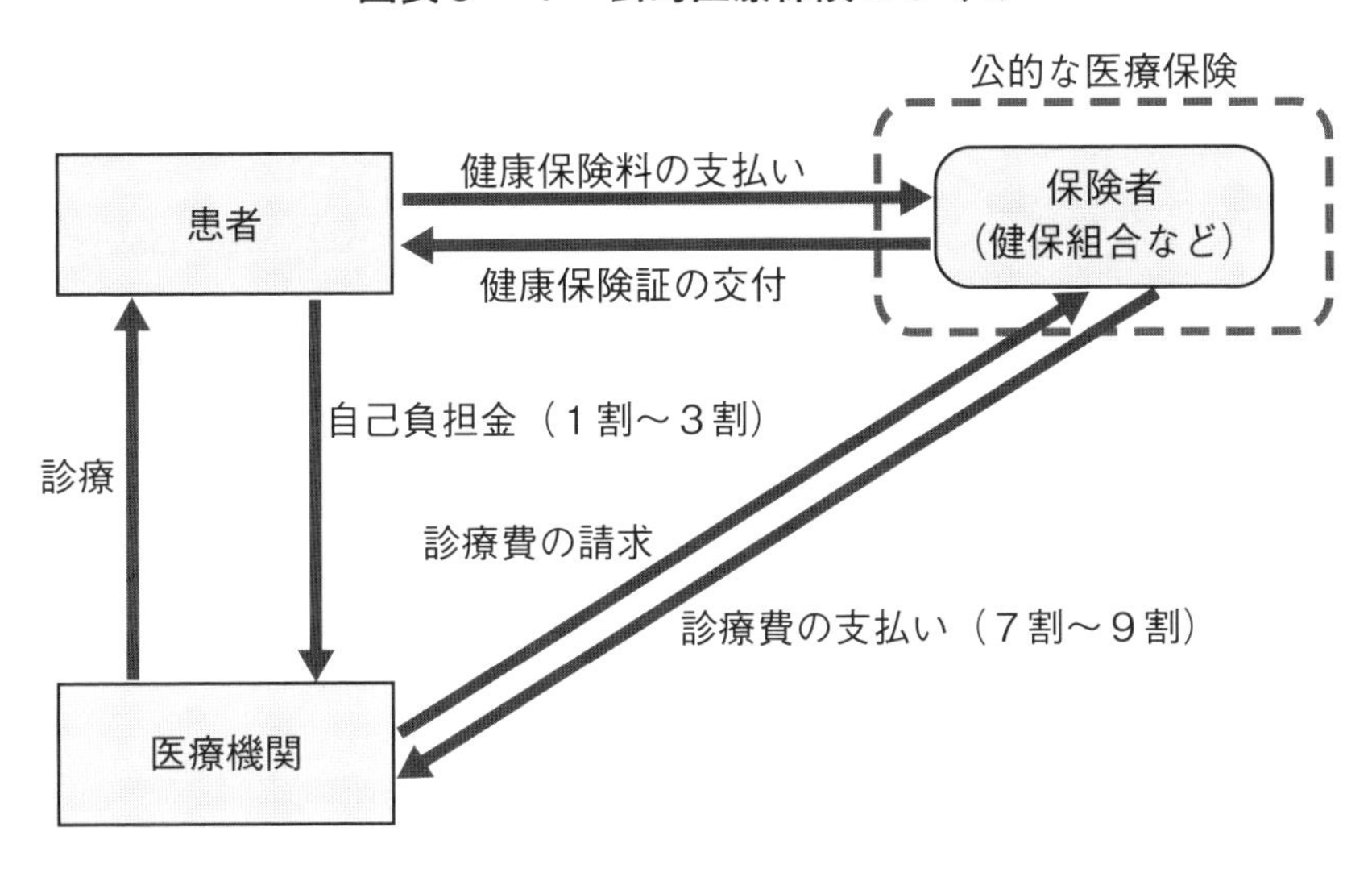

図表９－１　公的医療保険のしくみ

みが準備されているのでしょうか。

(1) 医療・介護の公的保険制度の仕組み

税制面からの支援の仕組みを整理する前に、日本の医療・介護に関する公的な仕組みについてその概要を整理します。

① 医療保険（図表９－１）

まず、医療ですが、日本は国民皆保険制度であって、文字どおり、すべての国民が公的な医療保険に加入することになります。

その仕組みは、加入者＝すべての国民が何らかの形で公的な医療保険の財源としての健康保険料を支払い、健康保険証の交付を受けます。病気やけがをして実際に医療機関で診療を受けた場合には、診療に要した費用の一部は公的医療保険から医療機関に直接支払われます。

その結果、公的医療保険でカバーされなかった部分（治療に要した費用全体の1割から3割）

図表９－２　公的介護保険のしくみ

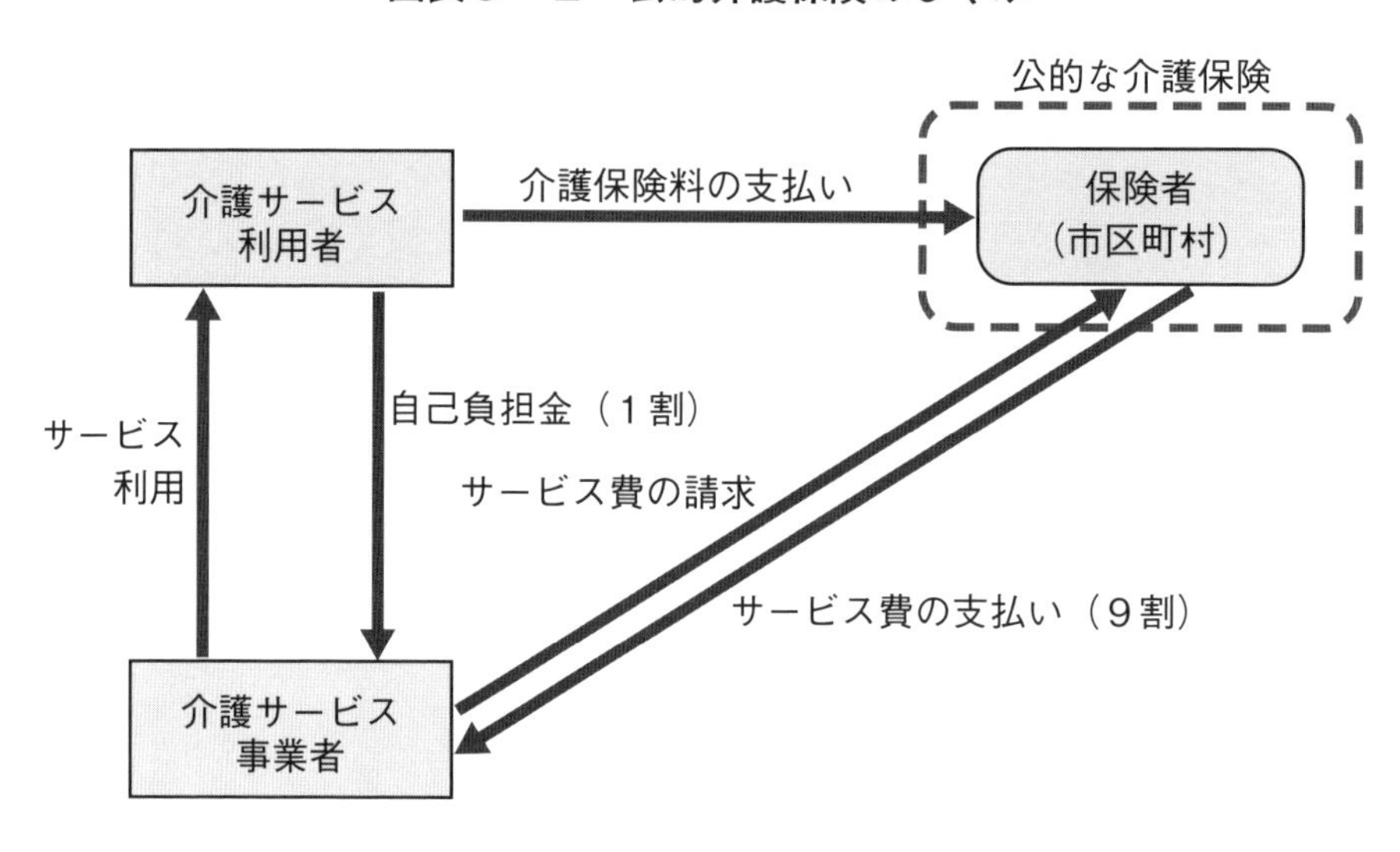

については、自己負担分として治療を受けた者がみずから医療機関に支払います。

②　介護保険（図表9－2）

介護についても原則40歳以上の人は、公的な介護保険に必ず加入することになっており、要介護状態となった場合には介護サービスが受けられ、医療と同様にサービスに要した費用の一部は公的介護保険から介護事業者に支払われます。これにより、サービスを受けた本人の負担はサービスに要した費用の一部（原則1割）と居住費や食費の負担で済みます。

(2)　医療・介護と税の制度

(1)で説明した公的医療保険、公的介護保険からの支援の他に納税者が医療や介護に関してなんらかの負担をした場合に、税はどのような支援策を準備しているのでしょうか。

① 社会保険料控除

前述のとおり、医療・介護の公的保険は、加入者が支払う保険料をその財源としています。ですので、加入者は健康保険料や介護保険料を支払う義務があります。

これらの保険料を一般的に「社会保険料」と言いますが、納税者本人が自分自身の社会保険料を支払ったときや納税者本人の配偶者や一定の親族が負担すべき社会保険料を負担した場合には、その支払った社会保険料につき所得控除を受けることができます。

② 生命保険料控除

病気やケガ、介護状態になった際の備(そな)えについても、税制面から支援する制度があります。それが生命保険料控除です。

この制度は、多くの方になじみがある制度ではないでしょうか。

多くのサラリーマンの方は年末調整でこの控除を受けるために保険会社から発行される保険料控除証明書を添付し、「給与所得者の保険料控除申告書」を提出するということをされているはずです。

生命保険料控除は、病気やケガ、介護に対して、民間の生命保険などへ加入するという納税者の自発的な備えについて、支払った保険料の金額に応じて、所得税・住民税の課税所得の計算において最高12万円を所得から控除します。

③ 障害者控除

要介護状態になったことに伴い、併せて障害の程度が知的障害者または身体障害者に準ずるものとして、市町村長等の認定を受けている場合には、その者について障害者控除という所得控除を受けることができます。

なお、あくまでも市町村長等の障害者認定が必要とされますので、要介護認定を受けただけでは障害者控除の適用を受けることはできません。

④ 医療費控除

医療費控除は、医療・介護に関する税の支援策で最もポピュラーな制度といえます。

簡単に言えば、医療機関を受診した際や介護サービスを受けた際に公的な保険でカバーされない支出、つまり、自己負担金の支出がある場合には、その支出した金額について所得控除を認めるという制度です。

自己負担金については、自分の分はもちろん、自分と生計を一にする配偶者や親族のために支払った自己負担金も対象になります。原則として年間10万円以上の自己負担金が発生した場合には所得控除が受けられます。

この自己負担金の支出に応じた所得控除を基本制度として、2017年1月1日以降は、一定の要件を満たす人が特定一般用医薬品等購入費を支払った場合には、通常の医療費控除との選択により、その年中の特定一般用医薬品等購入費の合計額が年間1万2千円を超える場合には所得控除が受けられます。

⑤ 自己負担金に係る消費税

病気やけがで医療機関にかかった場合に会計窓口で支払う自己負担金のレシートや明細書をご覧になったことはあるでしょうか。

レシートや明細書を注意深く確認すると、ほとんどの場面で負担している消費税の記載がないことに気づくはずです。

診察を受けたり、介護サービスを受けたりすることで発生する自己負担金については、本来であればサービスの対価ですので、消費税の対象となるべきですが、「病気やケガ、介護に伴う支出を杓子定規（しゃくしじょうぎ）に消費税の対象とするのはいかがなものか」ということで消費税は非課税とされました。

社会政策上の配慮ということで、医療も介護も自己負担金については消費税が非課税扱いとされているのです。

つまり、医療機関を受診した消費者や介護サービスを受けた消費者が消費税を負担することは原則としてありません。

2 研究対象と研究方法

1でご説明したとおり、医療・介護については税の側面からもさまざまな支援策が用意されていますが、医療・介護と税の支援という側面から研究対象として医療費控除と消費税についての2つのテーマを挙げたいと思います。

(1) 医療費控除について税の考える医療費・介護費とは何か

一言で医療費控除と言っても、医療に関する支出、介護に関する支出がすべて控除の対象になるのではありません。医療費控除の対象となる支出は決まっています。医療費控除の対象となる支出を整理することで国が考える医療・介護とはどのようなものなのかが垣間(かいま)見えるのではないでしょうか。

また、医療や介護に関する支出であっても控除対象とする基準をどのような視点で設けられているのかを整理することも意義があると考えます。

基本的な基準は、「医師又は歯科医師による診療や治療、治療又は療養に必要な医薬品の購入その他医療又はこれに関連する人的役務の提供の対価のうち通常必要であると認められるもの」とされています。

つまり、医療機関で治療を受けたり、介護事業者から介護サービスを受けたりした場合には、医療費控除の対象になります。しかしながら、診療、治療であることが求められますので、たとえば、予防接種や健康診断の費用などいわゆる予防に伴う支出は原則対象にはなりません。

ただし、予防に伴う支出であっても、健康診断等の結果、重大な疾病(しっぺい)が発見され、かつ、その健康診断等に引き続きその疾病の治療をおこなった場合には、その健康診断等は治療に先立っておこなわれる診察と同様に考えることができますので、その健康診断等のための費用も医療費控除の対象になります

その他、診療や治療であっても患者や利用者がみずからの判断で選択する医療費（入院の際の室料差額や自費診療）や美容整形などにかかる費用は控除の対象にはなりません。

(2) 医療費・介護費と消費税の関係

前述のとおり、医療サービスを受けたり、介護サービスを受けたりした場合に自己負担金を支払っても基本的には消費税は課税されません。

医療機関や介護事業者に公的保険から支払われる金額も消費税は非課税です。

その一方で医療機関や介護事業者に支払う金額のうち消費税が課税されるものもあります。

消費税が課税される支出と課税されない支出の違いはどこにあるのかを研究することで国が公的に支援すべき（税の軽減として支援すべき）医療サービスや介護サービスはどのようなものを考えているのかが垣間見えると思います。

基本的な基準は、公的保険から支払われるサービス費か否かです。ですから、公的保険の対象とならない治療費（いわゆる自費診療の治療費）や入院した際の室料差額などには消費税が課税されます。

その他、インフルエンザなどの予防接種代、健康診断や人間ドックの費用などいわゆる病気の予防のための支出も原則として消費税が課税されます。

つまり、消費税においても治療や介護を受けるにあたって、最低限として公的保険でカバーされている支出は消費税を課税しないものの、治療や介護を受ける者がみずからの選択で生じる支出や予防のための支出は消費税を課税するという考え方が採られているといえます。

(3) 医療費控除と消費税非課税の関係

前述のとおり、治療や介護に伴う最低限の費用として、公的保険でカバーされる支出は医療費控除の対象となり、かつ、消費税も非課税とする政策的な配慮がされています。

一方で医療費控除の対象にはなるが、消費税が非課税にならないものもあります。

たとえば、前述の健康診断に関する支出で、健康診断等の結果、重大な疾病が発見され、かつ、その診断等に引き続きその疾病の治療をおこなった場合には、健康診断に要した費用は医療費控除の対象になりますが、消費税は課税対象のままです。

政策的配慮で興味深い支出として、大病院にかかった場合の費用が挙げられます。

実は、医療機関の紹介状なしに直接５００床以上の大病院にかかった場合には、病院側は特別料金を請求することができます。この特別料金は公的保険でカバーされる支出ではありませんので、消費税が課税されます。しかしながら、医師等による診療等を受けるために直接必要な通院費や医師等の送迎費などの費用で、通常必要なものとして医療費控除の対象にはなるのです。

この特別料金は、医療政策の一環として、病院と診療所の機能分担の推進を図るために導入されました。すなわち、「軽い病気やケガの場合には、いきなり大きな病院にかかるのではなく、近くの診療所にかかって、大きな病院に行く必要性があるかどうかの判断を仰いでください」、つまり、「大病院に患者が集中しないように」という国の考え方が反映されたものなのですが、一方で医療費控除の対象としている点はで少しの矛盾を感じます。

(4) 医療機関や介護事業者が抱える消費税の損税問題

さて、消費税についてさらに深く見ていきます。消費税については患者や介護サービスの利用者側だけではなく、医療機関や介護事業者の立場から興味深いテーマがあります。

そのテーマとは「消費税の損税問題」です。

前述のとおり、医療機関や介護事業者のいわゆる売上の大部分には消費税が課税されません。消費税が課税されないわけですから、一見、医療機関や介護事業者にとって有利に思えますが、実際には不利に働くことになります。

といいますのも、事業者が納付すべき消費税は、事業者が消費者から預かった消費税からその事業者が他の事業者などに支払った消費税を差し引くことで計算されます。この事業者が他の事業者に支払った消費税を差し引く手続きを「仕入税額控除」と言います。

仕入税額控除は、事業者が他の事業者等に支払った消費税の全額をそのまま引けるのではなく、その事業者の売上全体に占める消費税の対象となる売上の割合（これを課税売上割合といいます。図表9－3）に応じた分しか引くことができません。

極端な例でお話しますと医療機関の売上が全額消費税の課税されないものだとすると、課税売上割合は0ですので、その医療機関が他の事業者へ支払った消費税（たとえば、医薬品代や医療機器の購入代金などに係る消費税）は仕入税額控除できません。その結果、他の事業者に支払

図表9－3　課税売上割合の算式

$$\text{課税売上割合} = \frac{\text{消費税が課税される売上の金額}}{\text{総売上の金額}}$$

った消費税は全額その医療機関が負担する（これを「損税」といいます）ことになります。

この負担は、医療機関や介護事業者の経営にとって大きな負担となっており、消費税率が引き上げられた昨今、ますます重荷になっています。規模の大きな病院などでは数億円規模で損税が発生しているケースもあり、経営上の大きな課題となっているのです。

この損税問題は、消費税率の引上げのたびにさまざまな形で議論されてきましたが、消費税率引上げに伴う損税負担に対応するために、消費税率の引上げ分に見合う形で公的保険から医療事業者・介護事業者に支払われる医療のサービス費である診療報酬、介護のサービス費である介護報酬をそのつど引き上げるということがおこなわれています。

医療機関や介護事業者が抱える消費税の損税問題に対応するため、診療報酬、介護報酬が引き上げられることで、サービス費全体が増え、結果として患者や介護サービス利用者の自己負担金（1割～3割）の金額も増えています。

つまり、医療サービスや介護サービスを受ける患者等は消費税という目に見える形ではなくても、消費税見合いで自己負担金が増えるという形で消費税率引上げの影響を受けているといえます（次ページの図表9－4）。

図表９－４　消費税率引上げに伴い、自己負担金が増える

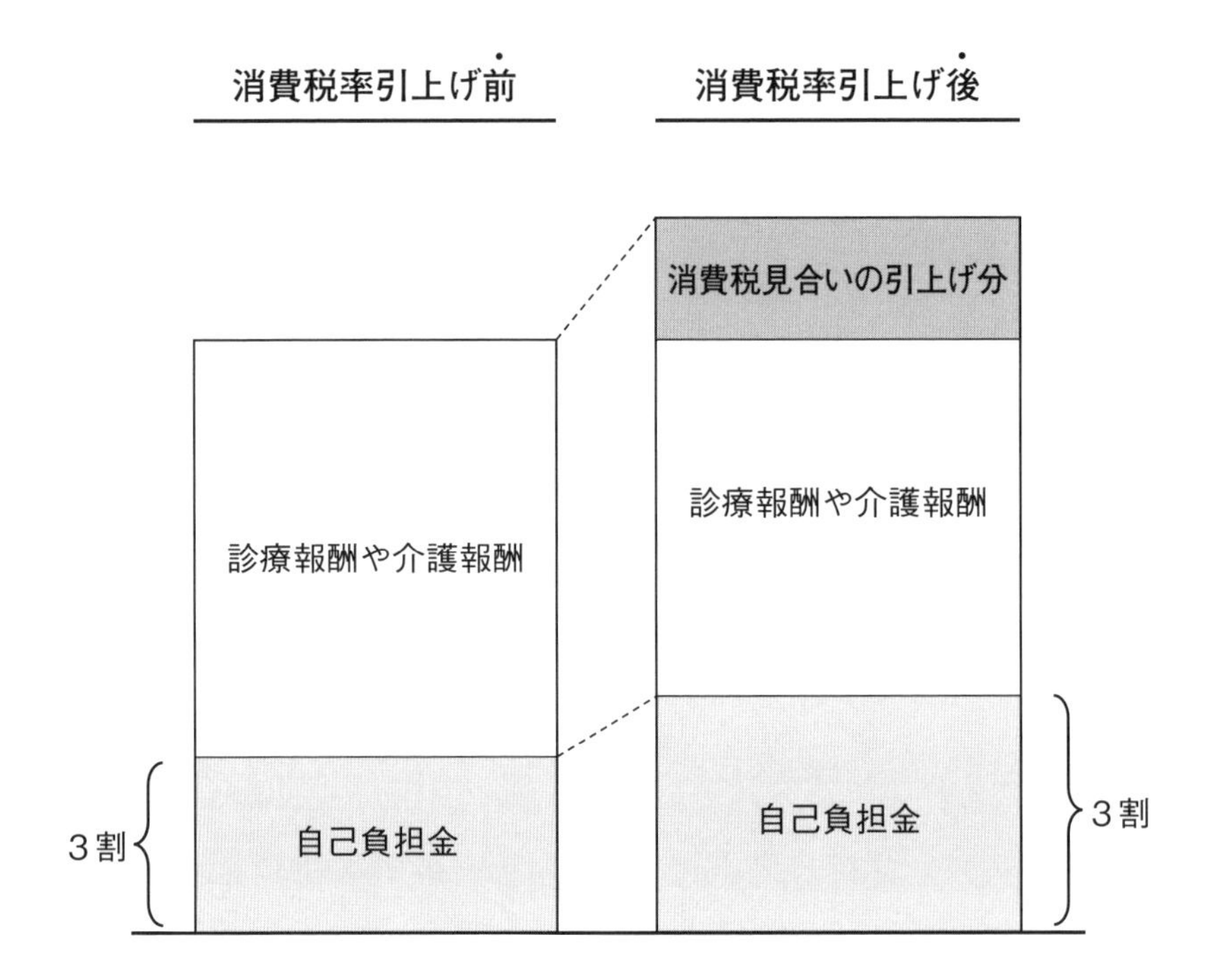

消費税率引上げに伴う診療報酬・介護報酬の引上げ率

各引上げ率	
診療報酬本体	0.41%
介護報酬	0.39%

3 良い研究報告とするためのアドバイス

人の一生に欠かせない医療と介護にかかる支出について税の側面からの支援の仕組みを整理しましたが、その仕組みをさらに深く掘り下げて考えてみるという姿勢で研究を進めるのがよいかを考えます。

たとえば、医療費控除については、昨今の医療技術の発達により少しずつ一般化されてきた先端医療行為や遺伝子を用いた治療、予防医療などについてどこまで医療費控除の対象になりうるのかというテーマや、実際に医療費控除の適用を受け、税金計算上の所得控除を受けている人がどのくらいいるのか、その結果、所得税等の税収にどのくらいの影響を及ぼしているのかなどを検証することも興味深いテーマだと思います。

また、消費税の損税問題の解決策にはどのような仕組みが考えられるのか、諸外国の仕組みなどを参考に整理するのもおもしろいと思います。

10

なぜ、相続税や贈与税の「納税義務者」は頻繁（ひんぱん）に改正されたのか？

菅野真美（すがの・まみ）

税理士・社会福祉士・CFP®　東京税理士会芝支部所属。日本税務会計学会国際部門委員。信託の税制や国際個人課税に関して書籍や講演会の講師としての経験が豊富。「国外財産・非居住者をめぐるQ&A」Professional Journal（internet上）連載中『信託の税金』『信託フォーラム』連載ほか執筆多数。

1　研究テーマにおススメする理由

なぜ、相続税や贈与税の「納税義務者」は頻繁に改正されたのか？　を研究テーマとしておススメする理由は、みんなが納得するわかりやすい税制を作り維持することが、とても難しいことを学べるからです。法の抜け穴を見つけて税金を払わない人が登場するたびに、みんなの不満が高まらないように国が裁判やたびかさなる税制改正をおこなって抜け道をふさいだ結果、相続税法は専門家でもわかりにくい非常に複雑な税制ができてしまいました。

以下において少し長くなりますが説明します。

(1)　税法の基本的な考え方

相続税は、財産を残して亡（な）くなった人から相続や遺贈（いぞう）により財産をもらった人がいる場合、財産をもらった人が財産の価額に基づいて納める税金です。

贈与税は財産を個人から贈与によりもらった

人が財産の価額に基づいて納める税金です。相続税も贈与税も超過累進税率といってより高額な財産をもらった人がより負担の重い税金を払うシステムになってます。

税金というのは国や地方自治体（以下国など）の運営を維持するために必要な資金調達のために強制的に人や会社からお金を徴収するシステムです。何の根拠もなく税金を課すとそこにいる人の生活や事業の障害になってかえって国などの運営が難しくなりかねません。そこで、憲法30条で、「国民は、法律の定めるところにより、納税の義務を負う」と定めて法律がないと税金を課すことはできないと決めています（これを租税法律主義と専門用語でいいます）。

税金は必ず法律がないと課してはならないと決めていますが、みんなが納得する税金についての法律（税法）を作るとき守らなければならない3原則があります。

それが、公平、中立、簡素といわれるものです。公平とは税金を払う人たちがその負担について納得のいくような税制をつくること、中立とは、個人や企業の活動の選択を妨げるような税制は作らないこと、簡素とは税金を払う人たちにとってわかりやすい税制を作ることです。

税金のルールを定めた法律はいくつもありますが、相続税や贈与税を定めた法律は相続税法といいます。相続税法では、ある人が生涯にわたって築いた財産の清算という位置づけで、相続税が定められましたが、相続税だけでは財産の捕捉が難しいので贈与税という税金が相続税の補完として作られています。

このように、税法においては多様なルールが決められていますが、誰がその税金を払う義務があるのか、つまり誰が「納税義務者」かということは、どの税法でも必ず決められる幹のような規定です。税法は、経済活動に寄り添う法律であることから、世の中の変化に敏感に対応し、毎年のように改正される一方で、「納税義務者」のような規定はめったに改正されません。

しかし、この「納税義務者」について、相続税法では過去20年ほどの期間に7回も改正されました。それはなぜでしょうか?

(2) 税金を少なくする方法は3つある

誰だって、税金は払いたくありません。なんとかして税金を減らそうと努力します。税金を減らす方法として税法の世界では節税、脱税、租税回避の3つのカテゴリーに分けて考えます。

節税とは、法律の想定の範囲内で税金を安くする方法です。たとえば、個人事業主が儲(もう)かると税理士は「法人成り」を勧めますが、これは個人の所得税率よりも法人税率のほうが低い場合が多いこと、法人成りして役員報酬をもらうほうが、給与所得控除を使う節税ができることが要因です。「法人成りがけしからん」という人もいらっしゃいますが、これは税法が想定してる節税行為の1つと考えられます。

脱税とは、帳簿から売上を抜いたり、払っていない経費を入れて所得を小さくしたり、財産を隠すなど、事実を偽って税金を払わない方法です。これは節税と違って犯罪の1つです。

租税回避とは、法律の想定外の行動、つまり、法の網の目を掻(か)い潜(くぐ)って、通常ではありえない方法を使って税金を少なくする方法です。ありえない方法といっても法律に違反していませんから、犯罪として取り締まることはできません。しかし、野放しにするとまじめに税金を払っている人の不満が高まり国などの運営が難しくなります。

相続税法の「納税義務者」が頻繁に改正された大きな原因は、この租税回避行為がおこなわれたことが原因なのです。

(3) 租税回避行為と税制の「いたちごっこ」の歴史

① 武富士事件と相続税法の改正

平成12年（2000年）度の改正前、相続税や贈与税の納税義務者は2区分に分かれていました。つまり、相続や贈与の時点に日本に住所を有している人か否かで相続税や贈与税が課せられる財産の範囲が異なっていました。日本に住所を有している人（無制限納税義務者）については相続や贈与により、もらった財産すべてが課税対象となっていました。

他方、日本に住所を有していない人（制限納税義務者）は、日本国内にある財産に限定して課税対象となっていました（相続税の納税義務者は相続税法1条の3、贈与税の納税義務者は相続税法1条の4で定められています。国内にある財産か否かは相続税法10条で定められています）。

たとえば、日本に本店のある法人の株式は国内財産、外国に本店のある法人の株式は国外財産となります。この法律に従うと、国外に本店のある法人の株式を贈与時に外国に住んでいる人に贈与すると日本での贈与税が課税されません。

これを利用した大きな事件としては、武富士という大手消費者金融の会社のオーナーが持株を現物出資してオランダ法人を作り、そのオランダ法人の出資金を、当時香港に居住していたオーナーの後継者である息子に贈与税を払わずに贈与したということがありました。あまりに巨額の租税回避行為と考えた課税庁はこの贈与は無制限納税義務者に対する贈与であるとして処分をして、納税者と裁判で争うことになりました。

この裁判は最高裁まで争われ、結局、法律に従うと納税者は制限納税義務者だから贈与税はかからず、「この問題は法律を改正しなければ解決しない」ということで納税者勝訴の判断が下されました。

なお、相続税法のほうは、この裁判の結果をまたず、平成12年度に租税特別措置法という時限立法で手当てされ、平成15年（2003年）度に相続税法自体の改正をしました。この改正は、相続人や受贈者が日本国籍の人である場合は相続人や受贈者と被相続人や贈与者の両者が贈与や相続の開始前5年超の期間にわたって日本に住所を有しない場合に限って、制限納税義務者として国内財産のみに課税するというものです。

② 米国信託事件と相続税法の改正

しかし、平成15年度の改正後の税法を利用した相税回避事件が生じました。すなわち、日本に住んでいる祖父が、米国籍で米国に住んでいる孫を米国債を用いた生命保険に投資した信託の受益者とする米国の信託を組成したのです。この場合、外国籍で外国居住の孫は制限納税義務者ですから贈与税はかからないというスキームです。

この事件も裁判となり、地裁は納税者勝訴となりましたが、高裁で、扶養者である親（贈与者の子供）の住所が日本にあることから孫も無制限納税義務者として贈与税が課される判断が下り、納税者敗訴が確定しました。

税制のほうは判決の前の平成25年（2013年）度の改正において外国籍で相続や贈与時点で日本に住所を有していない者に、日本に住んでいる人から相続や贈与があった場合はすべての財産を課税対象とするとしました。

③ 国外転出時課税と税制改正

日本に住んでいる人が株式を売却した場合は、日本の会社、外国の会社を問わず日本で所得税が課されますが、外国に移住してから売却した場合は、たとえ日本の会社の株式でも、原則的には、日本で所得税課税がされないことになっています。

これを利用して、外国に移住してから株式を売却するような行為をする富裕層の人たちが散見されたことから、平成27年（2015年）度の改正で、1億円以上の有価証券等を持つ人が外国に移住したような場合は、移住した時点で有価証券等を売却したものとみなして所得税をかけるという国外転出時課税が創設されました。

本人が移住した場合だけでなく、相続や贈与により外国にいる人に株式が移転した場合も同様の制度が創設されています。この制度の創設に伴い相続税法の納税義務者の規定も改正がおこなわれましたが、かなり複雑な作りになりました。なお、平成28年（2016年）度に国外転出時課税部分の規定の語句が若干改正されています。

④ 行き過ぎた租税回避防止税制とその後の税制改正

平成27年度までの改正では、租税回避を念頭に入れた改正でしたが、租税回避を考えていない外国籍の人が日本に住んでいる間に死亡した場合、日本に居住したことも国内財産を有したこともない相続人に高い日本の相続税が課せられるという異常な事態が生じました。

他方、受贈者・相続人が日本国籍の場合も本人の海外での居住期間が5年以上あるときは日本の相続税、贈与税が課されないというルールの下では、親子が5年間外国に移住して、国外財産贈与完了後に帰国するようなことも見受けられたことから平成29年（2017年）度と平成30年（2018年）度の2度に分けて相続税と贈与税の納税義務者について改正がおこなわれました。

この改正は、簡単に説明すると、外国籍の人同士の贈与や相続の場合は、たとえ、贈与や相続時に両当事者が日本に住所を有していたとしても一定の在留資格等の条件を満たした場合は国内財産のみに課税することになりました。

ただし、贈与の場合は、いったん、日本を離れて、贈与してから、短期間で日本に戻ってきて住み続けるような人も想定できるので、歯止めも設けられました。

他方、日本国籍の人に対する相続や贈与の場合は、相続人や受贈者だけでなく、被相続人や贈与者も相続や贈与開始前10年超日本に住所を有しない場合に限り、国内財産のみを課税対象とするようにしました。

このように現行税制では、相続や贈与の当事者が日本国籍か否かで税制のルールが大幅に異なります。さらに、これらの改正に伴い、細かく要件を定義することから、規定が大変複雑になり、専門家でもわかりにくい規定となっています。

このようにみんなが納得するような税制を目指して改正を続けた結果、みんながわかりにくい税制に変わっていくことは、やむをえないことだと割り切ってよいのでしょうか。

2 研究対象と研究方法

たった20年間の相続税法の納税義務者の改正の歴史ですが、そこにはおのおの理由があり、すべてを網羅して研究するのは税法の初心者の人には酷(こく)かもしれません。

そこで、これらの改正のうち一部を切り取って独自の視点で調べていくということが考えられます。

たとえば武富士事件ならば、税制のどこをついて租税回避がおこなわれ、争われたのかにしぼって見てみましょう。なお、それぞれの事件の判決文は、武富士事件ならば、

地裁「東京地方裁判所平成17年（行ウ）第396号贈与税決定処分取消等請求事件」

高裁「東京高等裁判所平成19年（行コ）第215号贈与税決定処分取消等請求控訴事件」
最高裁「最高裁判所（第二小法廷）平成20年（行ヒ）第139号贈与税決定処分取消等請求上告受理事件」

税制改正の歴史ならば、DHCコンメンタール相続税法がまとまっていますが、これは加除式ですので図書館で調べるのがよいと思います。また、改正について立案者の趣旨を知りたいならば毎年発刊されている『改正税法のすべて』（大蔵財務協会）のうち改正年度分が有用です。

なお、平成17年（2005年）度以降については財務書のホームページから税制改正の解説のPDFをダウンロードすることができます。
(http://warp.da.ndl.go.jp/info:ndljp/pid/10404234/www.mof.go.jp/tax_policy/tax_reform/outline/index.html)

最近の条文は複雑で、スッと理解できるようなものではないことから、解説書を中心に読んで理解することをおススメします。

3 良い研究報告とするためのアドバイス

最大の課題は税法用語や条文が普通の人にはきわめて難解なことですが、この定義は何を表しているのか、どうして改正をしたのかを自分の頭で考えて、自分の言葉で表現してみることにぜひチャレンジしてほしいと思います。

そして、税法は、租税の公平、中立、簡素を常に考えて作っているはずですから、改正され続ける納税義務者の規定は、この3原則から考えてどういう位置づけになるのかを評価しながら考察していくと、研究範囲をかなりしぼり込んだとしても、深みと広がりのある税制の研究ができるのではないでしょうか。

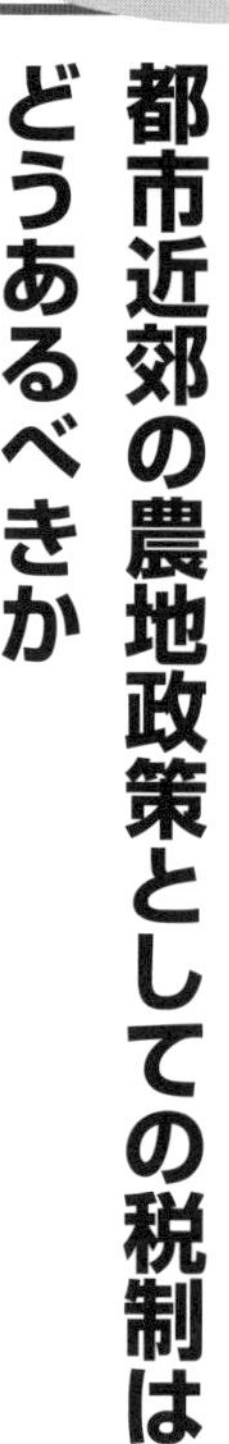

11 都市近郊の農地政策としての税制はどうあるべきか

風岡範哉（かざおか・のりちか）

税理士・宅地建物取引士。1978年生まれ。相続税を専門とした税理士事務に従事。主な論文に「財産評価基本通達6項の現代的課題」第28回日税研究賞入選（2005年）など。主な著作物に『相続税・贈与税　通達によらない評価の事例研究』（現代図書、2008年）、『グレーゾーンから考える相続・贈与税の土地適正評価の実務』（清文社、2014年）などがある。

1 研究テーマにおススメする理由

いま都市近郊を中心とする農地は、大いなる危機に瀕しています。平成27年に相続税が増税となってから、いわゆる相続税対策＝（農地を宅地化しマンション経営をおこなう）土地有効活用が過熱したこともあり、都市農地は急速に失われつつあります。

これからも生産緑地[1]（後述114ページ）がいっせいに解除される時機[2]が迫ってくるなか、その勢いは増すことはあっても、衰えることはないでしょう。

ところが、上記のような土地有効活用は、すでにある種の限界を迎えつつあるといっても過言ではありません。これまでの不動産賃貸業をめぐる過熱化は、「アパート等の空室を常態化」させるという「供給過剰」を生み出すベクトルとして働きました。

加えて「人口減少社会」を迎える日本では、物理的に入居者の数が減ることはもはや避けられず、地域によってはマンション経営は事業とし

図表11－1　都市農業に関連する指標

	農家戸数	農地面積	販売金額（推計）
全　国	215.5万戸	447.1万ha	5兆8,366億円
市街化区域（対全国比）	22.8万戸（11%）	7.2万ha（2%） うち生産緑地 1.3万ha（0.3%）	4,466億円（8%）

注1：全国の数値は、「農林業センサス」（平成27年）等による。

注2：都市農業の数値は、「固定資産の価格等の概要調書（平成28年）」等を用いた推計による。

（出典）農林水産省「都市農地の貸借の円滑化に関する法律の概要」（平成30年9月）

て安定性を欠く可能性があります。

そのような背景もあり、国もあらためて農地の有用性を再認識し、市街化区域内の農地（以下、「都市農地」や「市街地農地」ということがあります）を維持するという方向に転換しつつあります。

農地は、全国に447．1万ヘクタールあり、そのうち市街地農地は7．2万ヘクタールあるといわれています（図表11－1）。市街地農地は、面積比では全国の農地面積の約2％程度ですが、都市住民と距離が近いという立地を活かした農業がおこなわれており、農家戸数や販売金額は全国の販売金額の8％を占めています。

農林水産省の都市住民に対するアンケートによれば、「都市農地を保全すべき」という回答が73.1％、「宅地化すべき」または「どちらともいえない」という回答が27.0％となっています（図表11－2）。

図表11－2　住民の都市農業・都市農地の保全に対する考え方

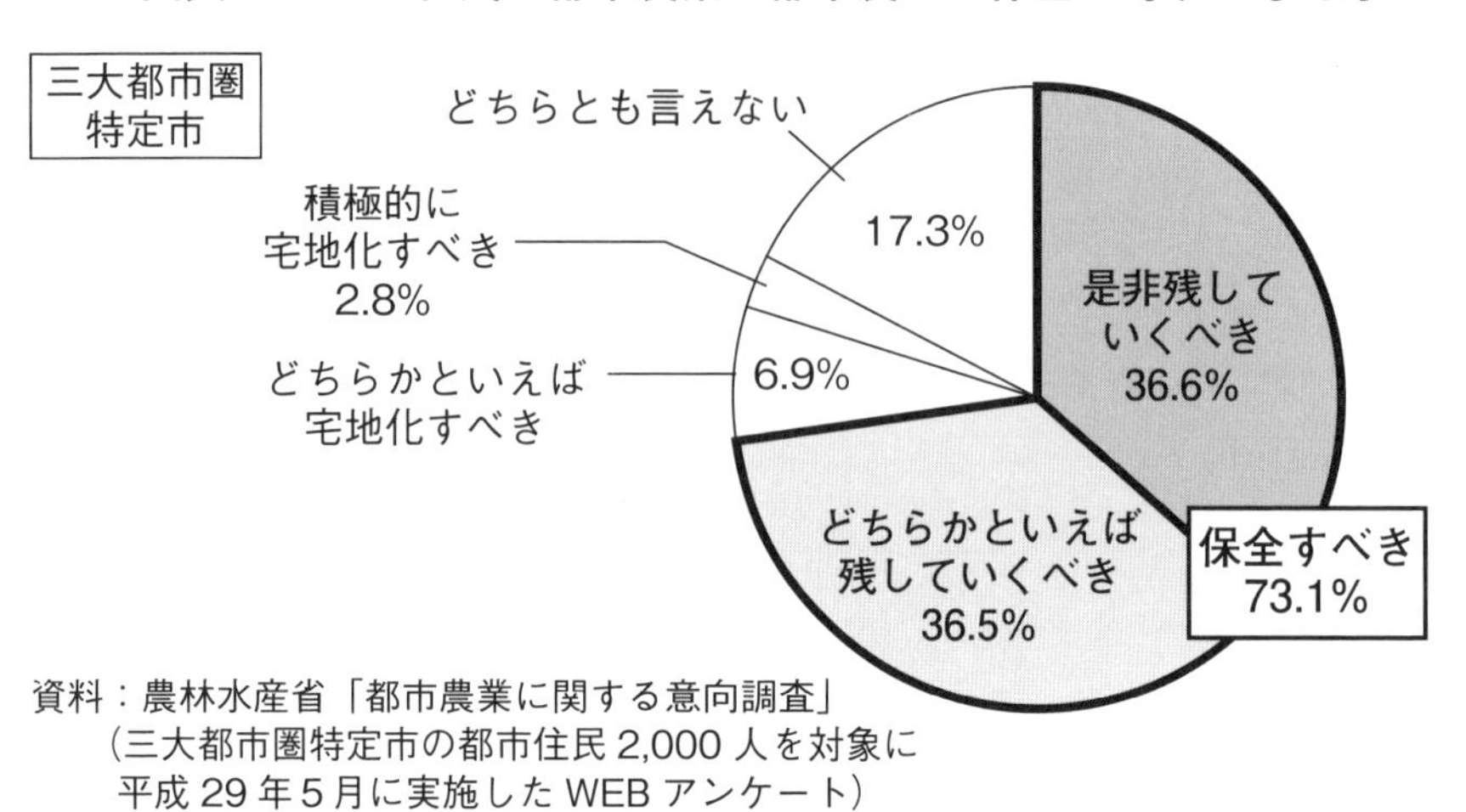

（出典）農林水産省「都市農地の貸借の円滑化に関する法律の概要」（平成30年9月）

都市農業については、新鮮で安全な農産物の供給はもとより、農作業体験の場や災害時の避難場所の提供などの機能を有しており、都市住民からの農地を残したいという意識も高まりつつあります。

そこで、市街地農地を農地として残すべきか否か、市街地農地を宅地化以外にどのように有効活用するのかという方法を考えることが求められています。

2 研究対象と研究方法

(1) これまでの土地政策の整理と現在の課題を考える

日本の国土は、法律によって、宅地化をすすめる「市街化区域」、宅地化を抑制する「市街化調整区域」、農地を維持する「農用地区域」など、それぞれ土地の利用方針が定められています（図

図表11－3　日本の都市計画区域と各面積

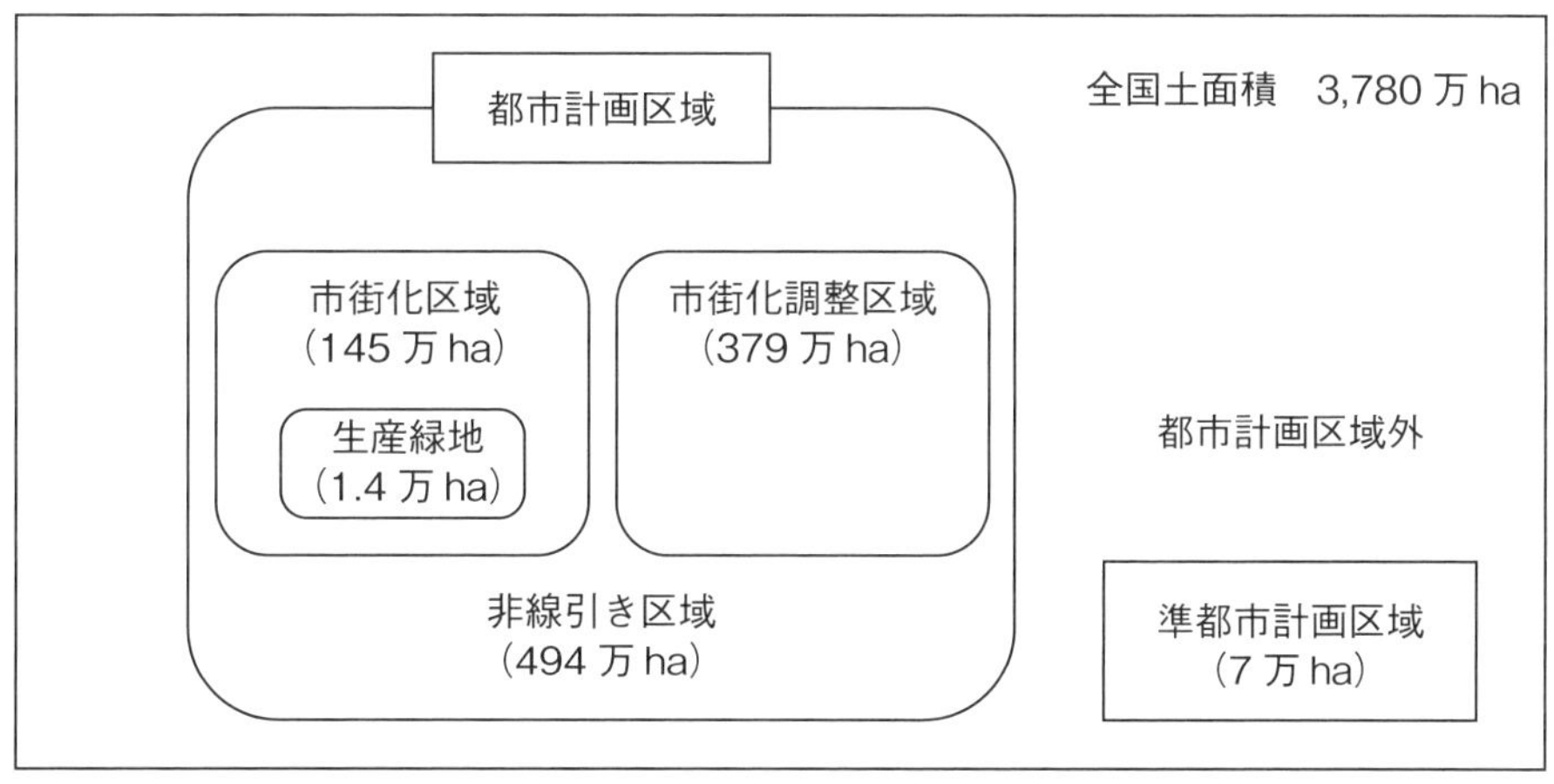

（出典）農林水産省「農業振興地域制度、農地転用許可制度等について」をもとに筆者作成。数値は平成25年現在。

表11－3）。

日本の全面積のうち、人間が便利に生活するために住宅や店舗を建てることができる市街化区域は3.8％（145万ヘクタール）にとどまり、そのほかは基本的に建築物を建てることを想定していません。

なお、この市街化区域では、市街化を図るべき区域となりますので、田や畑は宅地化をすすめていくこととなります。

そのような方針に基づいて、市街地農地に対しては、固定資産税も相続税も宅地としての税金がかかります[3]。これを「宅地並み課税」といいます。農業収入だけで宅地並み課税による税金を負担することが難しいので、市街地農地では収益力のあるマンションやアパートの建築が進められてきたわけです。

ところが、近年、市街地農地の多面的な機能が見直され、農地を維持する選択肢が重要視されてくることとなりました。

先述のとおり、市街地農地は、身近な農業体験や農家と住民の交流の場、災害時のオープンスペースの提供、温暖化の緩和等のさまざまな役割を発揮することから必要性が認識されてきています。

そこには、人口減少が顕著となってきた現代においてこのまま宅地化を推し進めると、建物の空家が目立ち、また、宅地化の供給過剰により土地の価格が急落してしまうという背景もあります。

したがって、国の政策としても、市街地農地の維持という選択肢が注目されてきており、これを税制面においてもバックアップする方向となってきています。そこで、国がどのような政策をおこなっているのか調べてみるのはいかがでしょうか。

(2) 農地保全のための生産緑地制度について調べる

① 2022年問題

先述のとおり、市街化区域は宅地化をすすめる区域ですから、農業をおこなっていたとしても、宅地と同程度の固定資産税がかかります[4]。農業の収入だけでは固定資産税が払いきれるものではありません。市街地農地の所有者は、農地をマンションやビルに変えて、その家賃収入の一部で固定資産税を払っていこうと考えるようになります。

そこで、市街地で農業をおこなう農家のために「生産緑地制度」が設けられました。生産緑地制度は、宅地化する農地と保全する農地を区分し、保全する農地については、原則として30年間農地として維持することを条件として、固定資産税の宅地並み課税を回避し、税金がとても低い農地としての課税を受けることができます。

なお、生産緑地において建築物の新築、宅地造成などをおこないたい場合には、市町村長の許可を受けなければなりませんが、この許可は、原則として下りないこととされています。

ところで、生産緑地の多くは、平成4（1992）年の法改正のときに指定がなされたものです。生産緑地は30年農地として維持する代わりに固定資産税が農地課税となりますが、30年を経過すると固定資産税は数百倍の宅地並み課税に戻ってしまいます。そうなると、所有者は土地を持ち続けることができず、生産緑地の多くが売却され、宅地化される可能性が高いでしょう。それが平成4（1992）年から30年を経過した令和4（2022）年問題です。

生産緑地が放出される可能性のある地域は東京23区、首都圏・近畿圏・中部圏内の政令指定都市など全国で1万2972ヘクタール（約3924万坪）、の土地です[5]。なお、東京都は3164ヘクタール（957万坪）の生産緑地がありますが、これらがすべて宅地化された場合、約25万戸の一戸建ての建設が可能といわれています。こうした2022年以降の住宅事情について、人口減少や空き家の増加などわが国の抱える社会問題と絡めて考察するとおもしろいかもしれません。

② 農地保全のための国の施策

2022年問題を見据え、国はこれまでに、生産緑地制度などを活用し、市街地農地を維持しやすくするため、以下のような法改正をおこなってきました。

●面積要件の緩和

従来、生産緑地は面積が500㎡以上とされていたため、要件を満たさない小規模な農地は、農地所有者に営農の意思があっても保全対象となりませんでした。

平成29年改正において、生産緑地を選択できる面積は原則「500㎡以上」のままですが、自治体によっては条例により「300㎡以上」に引下げることが可能となりました。

●建築制限の緩和

従来、生産緑地において設置可能な建築物は、農産物の集荷施設や農機具の収納施設、休憩所といった農業用施設に限定されていました。

平成29年改正により、生産緑地地区に設置可能な建築物として、農産物等加工施設、農産物等直売所、農家レストランが追加されました。

●特定生産緑地制度の創設

従来、生産緑地は、指定後30年経過するものについて固定資産税が宅地並み課税となるため、多くの生産緑地が30年を迎えると売却や宅地化されることが予想されていることは、これまで述べてきたとおりです。

そこで、平成29年改正により、「特定生産緑地」として指定された生産緑地は10年延長することができ、10年経過後に改めて繰り返し10年延長するか否かの選択をすることができるようになりました。

●田園住居地域

市街化区域ではどのような建築物を建ててよいかといった建築物の制限が課せられ、12種類の区分（用途地域）が定められています。平成30年4月から、市街地において、住宅と農地が混在し、両者が調和して良好な居住環境と営農環境を形成することを目的とした「田園住居地域」が新設されました。

これらの法改正の適用例を調べてみるのもよいかもしれません。

(3) 農地保全のための税制について調べる

① 農地等の納税猶予（ゆうよ）制度

さて、市街地農地について、生産緑地の指定を受けることで毎年の固定資産税は農地課税[6]と

図表11－4　相続税納税猶予の概要

相続又は遺贈により農地等（農地、採草放牧地及び準農地※）を取得し、当該農地及び採草放牧地が引き続き農業の用に供される場合には、本来の相続税額のうち農業投資価格を超える部分に対応する相続税が、一定の要件のもとに納税が猶予され、相続人が死亡した場合等に猶予税額が免除されます。
※10年以内に農地又は採草放牧地として農業に供することが適当と市町村長が証明したものです。

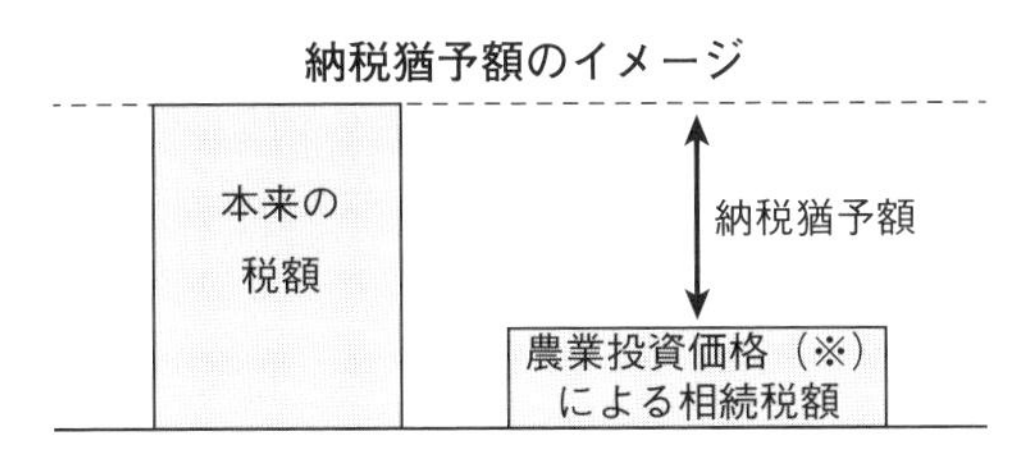

※農業投資価格
農地等が恒久的に農業の用に供される土地として自由な取引がされるとした場合に通常成立すると認められる価格として国税局長が決定した価格（20～90万円程度／10a）

（出典）農林水産省ホームページ「相続税の納税猶予制度の概要」

なりますが、農地所有者が死亡した際の相続税となると、宅地並みの税金がかかります。

そこで、市街地農地に宅地並みの相続税が課税されてしまうと、農業を継続したくても相続税を支払うために農地を売却せざるをえないという問題が生じます。同じ宅地並みの税金を納税するのであれば、収益力のあるマンションやビルに変えるという考えも強くなります。

そのため、農業経営を継続する後継者を税制面から支援するために相続税の納税猶予制度があります。

相続税の納税猶予制度は、農業を営んでいた個人（被相続人）から、引き続き農業経営をおこなうと認められる相続人（農業相続人）が一定の農地等を相続した場合、その農地にかかる相続税を猶予するというものです（図表11－4）。

②　近年の税制改正

この納税猶予は「猶予」ですので税金が免除さ

れるわけではありません。被相続人から受け継いだ農地でみずから引き続き農業をおこなうことを条件に納税を猶予するというものです。

したがって、納税猶予を受けた農地は、原則として、貸したり、宅地化したり、売却したりすることができません。そのような行為をおこなった場合は、さかのぼって猶予された相続税額とその期間に応じた利子税を納付することになります。

そのため、たとえば、農家を継いだ相続人が会社員であった場合、農業を営むことができずに納税猶予の適用をあきらめたり、サラリーマン兼業農家として納税猶予を適用したものの、なかなかみずから農地を耕すことができないため耕作放棄地となっているという現状があります。

そこで、平成30年度税制改正において、一部の生産緑地においては、ほかの都市農家に貸したり、市民農園として開放することでも納税猶予を継続できるようになりました。従来はみずから農業経営をおこなわないと納税猶予を適用することができませんでしたが、他人に貸してもよいこととなりましたので大きな改正点です。

平成30年度税制改正によって、市民農園の面積や利用者数が実際に増えたのか調べることで、本改正の効果がわかるかもしれません。

3 良い研究報告とするためのアドバイス

従来は、市街化区域においては市街化を図るべく、農地の宅地化が推し進められてきました。しかし、近年、市街地農地の有用性が再認識され、また、宅地の供給加熱を防ぐため、市街地農地を維持するという選択肢が注目されています。

先述したように保全する農地である生産緑地の面積を例外として300㎡以上に引き下げたり、建築制限を緩和するなどして農地を維持しやすい法整備が、すでになされています。税制面からも、従来はみずから農業をおこなわなければ税制上の優遇（相続税の納税猶予制度）は受けることができませんでしたが、今後は一定の都市農家や市民農園として貸すなどしながら税負担を軽減することが可能となりました。

これらの政策により、２０２２年以降生産緑地の指定面積がどのくらい維持されるのか、市民農園の面積および利用者がどのくらい増加するのか、相続税の納税猶予制度を利用する者がどのくらい増加するのかなどを調べることによって、都市農地は守られているのか、さらなる政策をおこなわなければならないのか否かが見えてくるかもしれません。

（注1）生産緑地法で定められた土地制度。生産緑地としてから30年間農地として土地を維持する制約の代わりに、税制面で大幅な優遇を受けることができます。

（注2）現存する生産緑地の多くは平成4（１９９２）年の改正生産緑地法により指定されました。生産緑地には30年間の営農義務がありますが、令和4（２０２２）年がちょうど指定から30年を経過する年にあたり、営農義務が外れることになります。くわしくは１１４ページ参照。

（注3）農地としての固定資産税は年に何百円～何千円であるのに対し、宅地としての固定資産税は年に何万円～何十万円になるなど、数百倍の違いがあります。

（注4）前掲（注3）

（注5）国土交通省「平成29年都市計画現況調査（平成29年3月）」

（注6）前掲（注3）

12

所得税法第56条は、今日の仕事観や男女共同参画社会に合致しているか――所得税法56条の不都合な真実

佐久間裕幸（さくま・ひろゆき）

公認会計士・税理士。主な著作に『顧問税理士も知っておきたい相続手続・書類収集の実務マニュアル（第３版）』（中央経済社、２０１９年）、『税理士も知っておきたい働き方改革時代の労務トラブル解決事例』（共著、ぎょうせい、２０１９年）、『国税庁Q&A対応実践 税務書類のスマホ・スキャナ保存』（ぎょうせい、２０１６年）など。

1 研究テーマにおススメする理由

(1) 所得税法第56条の概要

税は、所得や消費や所有資産に課税するものですから、経済活動そのものをその対象としています。したがって、税は社会の構造の変化とともに変化し、進化していくべきものです。そのため、新しい経済情勢に照らして新しい税制を工夫するだけでなく、時代遅れになった税制は廃止していくべきでしょう。

本稿は、所得税法第56条（以下、「法56条」といいます）という条文がどのような内容で、それが今日の社会の中で適切なものであるかについて考えようというものです。

では、法56条はどのような条文でしょうか。その条文は次のようになってます。

第56条　（事業から対価を受ける親族がある場合の必要経費の特例）

居住者と生計を一にする配偶者その他の親族がその居住者の営む不動産所得、事業所得

> 又は山林所得を生ずべき事業に従事したことその他の事由により当該事業から対価の支払を受ける場合には、その対価に相当する金額は、その居住者の当該事業に係る不動産所得の金額、事業所得の金額又は山林所得の金額の計算上、必要経費に算入しないものとし、かつ、その親族のその対価に係る各種所得の金額の計算上必要経費に算入されるべき金額は、その居住者の当該事業に係る不動産所得の金額、事業所得の金額又は山林所得の金額の計算上、必要経費に算入する。この場合において、その親族が支払を受けた対価の額及びその親族のその対価に係る各種所得の金額の計算上必要経費に算入されるべき金額は、当該各種所得の金額の計算上ないものとみなす。

この法56条をどのように評価すればよいのでしょうか。そのことを考えることは単なる税の知識だけでなく、男性と女性が平等に働ける社会なのか、どちらかに経済的に依存するといった側面が残っているのかについて考えることでもあると筆者は思います。つまり、法56条をどう評価するかを考えるということは、「日本の社会をあなたはどう考えるか？」を突き詰めることになり、あなたの視野を広げることになると思います。

さて、この条文の中で出てくる「事業所得」ですが、これは、事業所得に係る総収入金額から必要経費を控除した金額とされています（所法27②）。

洋服屋さんであれば、洋服の売上代金が総収入金額となり、洋服の仕入代やお店の店員さんの給料などが必要経費になります。これを総収入金額から引いて計算された儲（もう）けが事業所得の金額です。不動産所得や山林所得も基本的には同じように計算します。

あらためて法56条を読んでみましょう。

「居住者と生計を一にする配偶者その他の親族が」というのは、納税者と一緒に暮らすような夫や妻、あるいは子どもらという意味です。

こうした親族が居住者（納税者のこと）の事業所得などを生じさせる事業に従事したことで、その親族が対価の支払（報酬や代金）を受ける場合には、その金額は、その納税者の事業所得などの金額の計算上、必要経費に算入しないものとする、というのが法56条の前半部分です。

たとえば、夫が大工さんをやっていて、妻が作業着の仕立屋さんをしていたとします。夫が作業着を妻から買っても、その作業着の代金は大工さんとしての事業所得の計算における必要経費にしないというのです。

次に、法56条の「かつ」の後ろですが、その親族の方の計算において、その対価に係る所得の金額の計算において必要経費に算入されるべき金額を、納税者の方の事業所得等の金額を計算する際の、必要経費に算入する、とされています。上記の例なら、妻が作業着を仕立てるために仕入れた布代やファスナーの代金などを大工である夫の事業所得の計算に加えるというのです。

そして、その場合にこの親族が支払を受けた対価（代金）とその対価に係る必要経費に算入されるべき金額は、セットでその親族自身の所得の計算上はカウントしない、と書かれています。上記の例では、妻の縫製業の売上げから夫への作業着の売上代金とその作業着にかかる必要経費を外して妻の事業所得を計算します。

これを図解してみましょう（図表12－1）。

作業着の代金が夫の必要経費でなくなり、そ

図表 12－1　夫と妻の所得の計算

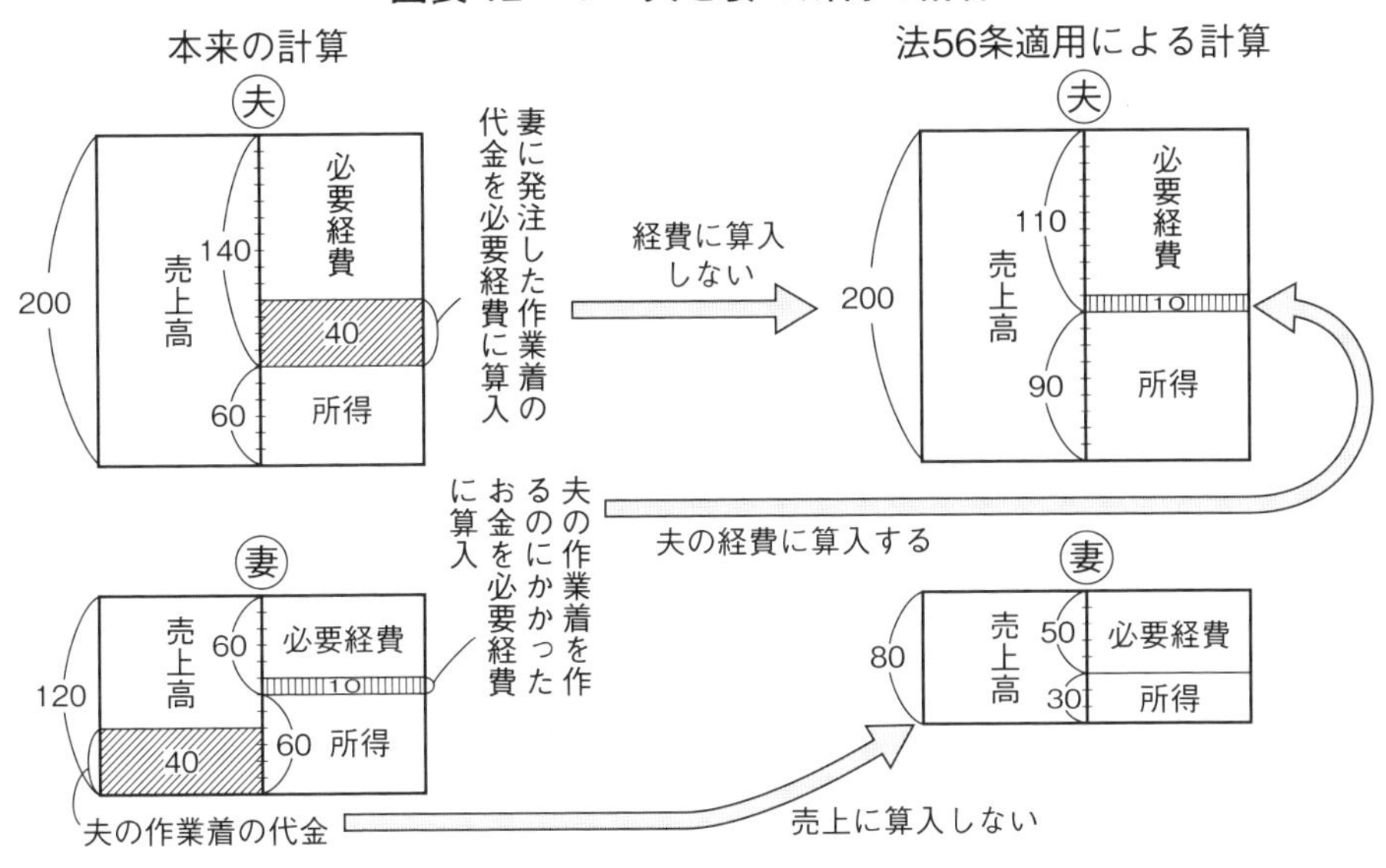

の作業着分の妻の必要経費が夫の所得計算の中に取り込まれます。そのため、夫の所得は作業着代の利益分だけ増えることになります。そして、妻の事業所得の計算からは、作業着の売上高と必要経費がなくなるため、作業着の利益分だけ妻の事業所得は減る計算になります。

夫婦合わせての事業所得の合計は等しくなる計算ですから、問題はないようですが、こうした特別な計算をさせるのは、なぜなのでしょうか。

(2) 法56条が必要とされる理由

この条文は、昭和25年にその原型が作られました。第二次世界大戦で敗戦するまでの日本では、「家制度」と呼ばれる家族制度を前提として、家族の所得はすべて合算して、これに対して累進税率を適用する制度が取られてきました（「所得税法コンメンタール」419頁、新日本法規）。

しかし、シャウプ勧告と呼ばれる日本の税制を近代化する昭和24年の報告書を受けて、所得税法が改正されました。シャウプ勧告では、世帯単位での課税では、所得税が累進税率によって課税されるため、納税者により高い税率で課税することになると批判されました。そのため、昭和25年の改正では、個人別に課税するように改められたのです。

とはいえ、従来の家族制度を受けて、世帯の中心人物の所得が家族の中で一番高くなる傾向は全般に見られていたはずで、そうした人物が他の家族に所得を分け与えるように給与の支払いや仕入代金、外注代金の支払いをするなど、家族内に所得を分配することで、より低い累進税率をみなで分け合う「要領の良い納税者」が出ることが危惧されました。昭和25年の改正では、こうした行為を防止する意図で法56条の前身となる条文ができました。

戦前の旧民法における家長とか戸主と呼ばれた家族制度は、制度としては廃止されたとはいえ、今でも「長男」のことを「跡取り」と言ったりします。また、相続が生じた際の遺産の分割において、長子相続の名残（なごり）で「長男にたくさん分ける」とか「自宅は長男に相続させる」といった希望を聞くこともあります。

半面、今日では、夫婦ともに働く家庭が多くみられるようになっています。「家長」といった機能は家庭から消えていると言えます。こうした状況を考えると、昭和25年という今から70年近く昔に誕生した税制が残っているというのは不自然だともいえるでしょう。

(3) 支障が出た事例

こうした法56条の問題が大きな注目を集めた裁判があります。それが、弁護士である夫が税理士である妻に支払った報酬が必要経費として認められなかったことが憲法違反ではないかとして訴訟になった事件です。

この事件では、毎年2千万円以上の所得を得ている弁護士が、自分の所得税の申告とその基礎となる帳簿の作成を税理士である妻に依頼していました。夫婦がそれぞれ国家資格を持って仕事をしているという男女共同参画社会らしい家族です。夫から支払われた3年間の税理士報酬額は、各年72万円から113万円と相応な金額であり、「要領の良い納税者」といった望ましくない納税者の行為ではないように見えます。

しかし、この税理士報酬額は、法56条によれば必要経費にできないと判断され、税務署長は、申告内容を是正しました（これを更正処分といいます）。納税者は、この処分に納得ができず、結果として訴訟となりました。

地裁判決を見ると、原告（納税者である弁護士です）は次の3つの点を主張しています（東京地判平成15年7月16日税務訴訟資料第253号順号9393）。

① 法56条は、「従事したことその他の事由により当該事業から対価の支払を受ける場合」に適用されるところ、本件では、妻は夫の弁護士業に従事しているのではなく、税理士として独立の事業をおこなっていたのだから、法56条が適用されるべき事案ではない。

② また、妻は、35社の顧客を有しており、食事の費用などは夫と妻が6対4の割合で実費精算しており、「生計を一に」しているとはいえない。よって、仮に法56条が違憲無効だとは言えないとしても、①、②によれば、夫婦・親族間であっても正当な労働の対価であって、不当な課税逃れがない場合には、同条の適用はないと解するべきだ。

③ 法56条は、親族・配偶者という一事をもって不利益な取扱いをする点で憲法14条に違反し、立法目的との関係で過度に広汎な規制であ

って立法目的の合理性および規制手段の相当性を欠いているから違憲無効だ。

さて、ここで憲法第14条が出てきました。これはどのような条文でしょうか。

憲法第14条
すべて国民は、法の下に平等であって、人種、信条、性別、社会的身分又は門地により、政治的、経済的又は社会的関係において、差別されない。
2 華族その他の貴族の制度は、これを認めない。
3 栄誉、勲章その他の栄典の授与は、いかなる特権も伴はない。栄典の授与は、現にこれを有し、又は将来これを受ける者の一代に限り、その効力を有する。

これは、「法の下の平等」という国民の人権の1つを定めた条文です。弁護士の男性と税理士の女性が普通に取引をしている場合に比べ、その2人が結婚して家族として生計を一にしていた場合では、夫の所得が高くなり、高い税率が適用され、妻の所得が同額だけ安くなるものの、そこに適用される税率が安くなれば、夫婦の総額としてより高い税金を払うことになります。これは法の下の平等に反するという主張が3番目の主張です。

ちなみに、1番目、2番目の主張は、法56条が仮に憲法違反の条文ではないとしても、「要領の良い納税者」でない場合にまで適用するのはおかしい、立法趣旨が該当しない人にまで適用すべきではない、という主張です。具体的には、妻は夫の仕事に従事していない、独立して仕事の委託を受けているということで女性の自立を提示し、さらに、家庭のあり方も夫の稼ぎに依存して生活するのではなく、夫も妻もみずからの力で所得を得ているという新しい家族観を提示していることになります。

こうした原告の訴えに対して、東京地方裁判所は、1番目の主張について、「税理士は、依頼者からの依頼に応じ、依頼者の指揮監督に基づかず、独立した立場で、その意思と能力に基づき裁量を持って独占的に業務を行うと解される」といった国家資格たる税理士業の性質その他を勘案して原告（納税者）勝訴の判決を出しています。

ところが、この判決に納得しない国が控訴した東京高等裁判所の判決では国が勝訴し、これに対して原告が上告した最高裁判所での判決も原告が主張した3点を認めず、原告敗訴、国の勝訴となりました。こうした結果をみなさんはどのように受け止められるでしょうか。

夫婦別姓でもよいのではないか、同性婚を認めてほしい、事実婚を選択する、といった話題も出る昨今、婚姻制度、家族制度に対する国民の感覚は、70年前と大きく変わってきていることは確かです。

なお、法56条は、「男女の不平等を生じさせる」と考えるのは正しくありません。

たとえば、活躍する女性弁護士の妻が着るスーツを仕立てる仕立屋の夫というカップルを考えてみましょう。妻の所得のほうが高い場合には、妻の所得税が増えるという問題が生じます。親子間でも、同じ問題が起こりえます。あくまで男女平等の問題ではなく、家族制度の問題として、昭和25年当時の立法趣旨は現代にも通じるのかが論点となります。

2 研究対象と研究方法

法56条の問題は、家族観に始まる幅広い論点を有していますので、研究の対象をしぼり込む必要があります。いくつか例を挙げてみたいと思います。

(1) 所得税の課税単位について

法56条が、課税の単位として家族(生計を一にする親族)という考え方を取り入れていることはここまでの説明でおわかりいただけたかと思います。そこで、そもそも所得税の課税の単位は、個人でよいかを確認するという切り口があります。

所得税の課税の単位は、原則としては個人ですが、個人に徹してよければ法56条など不要であることになります。しかし、夫婦単位合算制度や「2分2乗方式」といった制度が提案されることがあります。いずれも夫婦単位での課税というものを考えようとする制度です。

夫婦単位での課税に合理性があるという結論になれば、「生計を一にする配偶者」は当然に1つの課税単位になります。その場合、法56条は、「生計を一にする配偶者以外の親族」の間の取引に限定された規定となります。そうした適用範囲に限定されたとき、法56条は必要なのでしょうか。

(2) 条文自体を検討する

法56条自体を検討して、この条文に問題があるのかないのかを考えます。そして、問題があるとした場合、どのように修正すればよいのか、あるいは廃止すべきなのかを検討しようというものです。

例えば、親族は、「6親等までの血族と3親等までの姻族」と民法で定義されますが、法56条で、この親族ということばを用いるのは、範囲として広すぎないでしょうか。「生計を一にする」という概念の妥当性についてはどうでしょうか。また、「従事する」という用語は、弁護士の確定申告を税理士が引き受ける場合にも当てはまるのでしょうか。あるいは「従事するその他の事由」とはどういうものでしょうか。こうした内容を明らかにするのもよいと思います。

(3) 判決について検討する

本稿でご紹介した弁護士と税理士の夫婦の裁判は、地裁、高裁、最高裁と3つの判決が出ています。それぞれを検討して、何がキーポイントになって、判決の判断が変わったのか。こうした点を検討することを「判例評釈」と言いますが、裁判というものを理解するうえでも、有益かもしれません。

また、これ以外にも法56条に関する裁判例はあります。そこで、こうした裁判例を探してきて、検討することもできるでしょう。

(4) どちらかが法人の代表だったら

弁護士も税理士もそれぞれ、事務所を法人として運営することが認められています。弁護士法人、税理士法人という名称です。弁護士業務や税理士業務を会社のような組織により実施するイメージです。これらは法人ですから、所得税ではなく法人税が課税されます。

もし、弁護士、税理士の夫婦のどちらか、または両方が事務所を法人化していたら、法56条は適用の余地がなくなります。法56条は、「居住者と生計を一にする配偶者その他の親族」を対象としているからです。

「要領の良い納税者」であれば、法人から親族に多額の報酬を支払う、あるいは個人事業から親族が代表者を務める法人に多額の報酬を支払うといった行為をすることで納税額を調整しようとするかもしれません。そしてこの場合、法56条の適用の余地はありません。

法56条が本当に役立つ条文なのだとすれば、適用範囲がせますぎるということになります。現状では、個人事業か法人化しているかによって、取扱いが異なってくることになるため、課税の公平性の観点で問題があると思います。法人にまで適用範囲を拡げる改正や法人税法の中にも法56条のような条文が必要なのでしょうか。

(5) 社会に変化はあるのか

条文の内容を理解し、解釈していくうえで、立法当時と現在とで家族観や社会観（男女共同参画社会は実現したのか、実現しつつあるのか）というものが変化しているのか否かを認識しておくことは重要でしょう。

昭和25年に法56条の原型が誕生した時の社会について実感を持つことは困難ですので、何らかの資料によって、昭和25年すなわち１９５０年と現代を比較する必要があります。

内閣府の「男女共同参画社会基本法制定のあゆみ」のＷＥＢページには男女共同参画社会基本法が制定されるまでの歴史が書かれています（http://www.gender.go.jp/about_danjo/law/kihon/situmu1-1.html）。

戦後の昭和21年からの部分では、

「昭和21年４月の第22回衆議院選挙では39人の女性議員が当選する他、警視庁において初の婦人警察官の採用（昭和21年４月）、労働基準法の制定（昭和22年４月７日法律第49号。男女同一賃金、女子保護規定の明確化）、教育の機会均等等を定めた教育基本法（昭和22年３月31日法律第25号）及び学校教育法の制定（昭和22年３月31日法律第26号）、姦通罪の廃止（刑法（明治40年

4月24日法律第45号）第183条が昭和22年法第123号により削除）、第1回公務員採用試験での女性の合格（30名、昭和24年2月）、第1回婦人週間の実施（昭和24年4月）等が行われ、国際的にも国際労働機関（ILO）への加盟（昭和26年6月）などが行われた」

といった記述があります。

そして、1970年に「長野県上田市が地方公共団体で初めて女子職員の育児休暇制度を実施した」といった説明も見られます。

1972年には勤労婦人福祉法が制定され、1986年の改正で男女雇用機会均等法に名称変更しました。さらに1989年に男女が互いに人権を尊重しつつ、能力を十分に発揮できる男女共同参画社会の実現のために男女共同参画社会基本法が施行され、2016年には女性活躍推進法が施行されています。

こうした法律の立法趣旨やその後の改正などを追うことで、社会の変化が透けてみえてくるかもしれません。これらの法律については、厚生労働省などからさまざまな資料・案内が公表されています。また、法律の制定にあたっては、法律の内容などを検討するための審議会が開かれることもあり、その中で、新たに法律を制定する必要性やその背景となる資料が作成・提出されています。こうした資料の検討をすることで、法56条が、社会の変化に取り残されているのか、いないのかが浮かび上がってくるのではないでしょうか。

(6) 法56条をどのように改正するか

仮に法56条が時代に取り残されているとして、単に廃止すればよいのでしょうか。

「要領の良い納税者」が出る可能性があるならば、これに対する対応策を用意しておく必要があるでしょう。また、前述(4)の法人との課税の公平性の問題もあります。改正をするならば、どのような改正にすればよいのか、さまざまな見解を形成することができるでしょう。

3 良い研究報告とするためのアドバイス

自由研究としてレポート、論文を作成する場合、単なる事実や知識の羅列(られつ)では時間さえかければ、誰でも作成できてしまいます。「私はこのように考える」とか「私は従来の知識と異なる意見を持った」といった新規性や研究者の独自の意見を提示するような論文にこそ価値があります。また、「こうなのではないか?」と仮説を立てたうえで、さまざまな文献を調べたり、アンケートやインタビューをおこなって、その仮説が成り立つのか、成り立たないのかを立証していくことも評価されると考えます。

ただし、単なる思いつき程度の「私の意見」や「仮説」では読者には伝わりません。まず、一定量の過去の文献を勉強していくことが大事です。

なお、税制の研究ということで、1つ提案をしておきます。税は、国民に広く適用されます。国民はいろいろな考え方を持った人たちで構成されており、さまざまな考え方、価値観に優劣はありません(思想、言論の自由)。したがって、特定の考え方を押し付けるようなことはできず、税制としては、多くの国民の価値観の変化を後追いするくらいでよいのかもしれません。

そのため、「私は家庭や家族関係はこうあるべきと考えるから、税制をこうすることで、あるべき家族関係や社会の価値観を作っていく」ではなく、「多くの人の家庭観や家族観が変化しているという統計資料があったので税制もそれに応じて改正すべき」というスタンスを取りたいと思います。税制の三大原則は、公正、簡素、中立です。税制が社会制度や人々の行動様式を誘導することは、避けるべきです。その意味で、理念による検討ではなく、ファクト（事実）に基づく検討をしていただくことを期待します。

＊＊＊

最後に法56条をテーマとした論文を判決が出た2003年から2005年を中心として、拾い出してみました。筆者もすべてには目を通していませんが、以下に挙げる論稿の著者名を見るかぎり、相応の内容になっていると思います。こうした論文を集めて、まずは、読んでみるところから始めてみるとよいでしょう。

金井恵美子「『生計を一』親族間における対価の授受～弁護士・税理士夫婦事件」税理47巻12号48頁
増田英敏「妻への税理士報酬支払と所得税法56条の適用範囲――宮岡事件控訴審判決」税務事例36巻9号1頁
田中治／忠岡博「所得税法56条における「生計を一にする親族」の意義」税経通信59巻6号197頁
久乗哲「所得税法56条の『従事したことその他の事由』の解釈―宮岡事件を題材に」税研19巻114号87頁
田中治「親族が事業から受ける対価　税務事例研究77号25頁
品川芳宣「所得税法56条の解釈変更と無効事由」税研19巻113号103頁
増田英敏「税理士の妻への税理士報酬支払と所得税法56条適用の可否――宮岡事件」税務事例35巻12号1頁
木島裕子「生計を一にする妻に支払った税理士

報酬」税経通信58巻13号２０１頁
三木義一／市木雅之「専門家たる妻への報酬支払いと所得税法56条」税経通信58巻13号２１１頁
三木義一「生計を一にする親族間の対価の支払と所得税法56条～専門家たる妻への報酬支払をめぐる判例を素材として」税理46巻14号10頁
大野重國「妻への報酬」税理46巻13号１２６頁
内川澄男「最新判例にみる親族が受ける対価の経費性」税務弘報51巻13号１１９頁
坪多晶子「家族従業員に関する支出と従事の実態」税理48巻7号70頁
渡辺充「宮岡訴訟にみる「同一生計の親族間における対価の授受」のあり方」税務弘報53巻11号8頁
石村耕治「弁護士夫が生計を一にする弁護士妻に支払った報酬の必要経費性」税務弘報53巻11号１３７頁
酒井克彦「導管理論と所得税法56条（上）―同一生計内親族間における対価の支払に係る必要経費性―」税務事例37巻12号6頁
外間克己「弁護士の夫が税理士の妻に支払った税理士報酬についての所得税法56条適用の可否」税務事例37巻11号38頁
田中治「夫婦間における契約による対価の支払と必要経費の特例　法56条の存在理由を問い、その廃止を含めた立法改正を提言」税研32巻１２３号31頁
品川芳宣「所得税法56条の適用要件と所得税の課税単位」税研21巻１２４号81頁
石川一二「所得税法第56条についての考察―最高裁判決の否定的立場から―」税研21巻１２３号92頁
三上二郎・森幹晴「生計を一にする夫婦が独立して弁護士業を営む場合に夫から妻に支払われた弁護士報酬に対する所得税法56条の適用の有

無」税研21巻121号107頁
外間克己「判例評釈　弁護士の夫が税理士の妻に支払った税理士報酬について所得税法56条適用の可否」国税速報5751号5頁
名古屋青年税理士連盟 研究部「所得税法56条の検討 ～宮岡事件を題材に～」http://www.meiseizei.gr.jp/psd/kennkyuubu_psd/H24_kenkyu_houkoku.pdf
宮岡孝之「判決を創る：所得税法56条の適用範囲について」札幌学院法学第21巻第2号301頁
斎藤信雄「親族が事業から受ける対価の取扱いについての一考察」税大論叢30号259頁

13

申告納税制度は賦課課税制度より本当に優れているのか

藤曲武美（ふじまがり・たけみ）

税理士。青山学院大学大学院法学研究科講師、早稲田大学大学院法務研究科（法科大学院）講師を経て現在は、東京税理士会・日本税務会計学会 学会長。

1 研究テーマにおススメする理由

本稿では、国民が納付すべき税金の額を確定する制度である申告納税制度と賦課課税制度について取り上げます。

税金の仕組み、計算は複雑で、みずからが申告をすることはめんどうです。また、マイナンバーカード、マイナポータルなどの活用による急速な税務行政のICT化が進むと、多くの税務情報を国・税務署等が取得することができるようになります。納税者がみずから申告する申告納税制度が本当にすぐれた課税方式なのかが問われることになるでしょう。申告納税制度と賦課課税制度について、比較検討し、どのような制度が時代に即した制度か考えてみましょう。

(1) 申告納税制度の概要

申告納税制度とは、納税者が自分で納めるべき税額をみずから計算して申告し、その申告した税額をみずからが納付する制度です。

日本で申告納税制度が採用されたのは昭和22

年の所得税法等の全面改正からであるとされています。第2次大戦後の連合国司令部による米国型の申告納税制度を採用することの提言・指示を受けて採用されたものであったようです。

現在の日本における主な税金のうち、申告納税制度を採用しているものは、国税では法人税、所得税、消費税および相続税などです。国税においては申告納税制度が一般的に採用されています。

申告納税制度は地方税では、法人県民税・法人市民税、法人事業税、たばこ税等に限られています。ちなみに、外国ではアメリカ、カナダ、イギリスなどで申告納税制度が採用されています。アメリカでは1913年の所得税法の創設と同時に採用されています。

なお、申告納税制度がスムーズにおこなわれるように税制の整備がおこなわれています。例えば、各種の加算税制度、脱税などに対する罰則の存在、青色申告制度の創設、資料情報の整備、関係団体等による記帳指導、税務調査の実施などがあります。

申告納税制度は次のような特徴を有しています。

① 国民主権主義

納税者が自己の所得および税額をみずから計算しかつ納付するという申告納税制度は、民主国家の財政を国民みずからが支えるという国民主権主義を根拠とした制度で、民主的納税思想に根ざすと考えられています。

② 効率的な制度

申告納税制度は、制度が定着し、機能すればすぐれて効率的な制度です。自分の所得額などをもっともよく知っているのは納税者自身であり、納税者の所得を算定する資料を所持しているのも納税者自身です。したがって、納税者による自発的な申告が広くおこなわれれば、行政上の事務は相当に効率化されることになります。

申告納税制度は、行政上、少ない人員で多くの納税者に対して課税を効率的におこなうことができる合理的な制度です。

(2) 賦課課税制度の概要

申告納税制度に対して、国や地方公共団体などの行政機関が納税者の納めるべき金額を計算し、納税者に通知して課税する制度を賦課課税制度といいます。賦課課税制度の税金は、国税では各種の加算税や過怠(かたい)税などがあります。地方税では、固定資産税、不動産取得税、自動車税、個人住民税、個人事業税などがあります。

賦課課税方式は、伝統的にヨーロッパのOECD加盟国の多くで採用されてきた制度です。日本でも第二次世界大戦前は、この方式によるものが一般的でした。

賦課課税制度では、納税者による申告はないのかというとそうではありません。賦課課税制度をとっている多くの税金においても、その税金の課税対象となる数量や金額などを納税者から行政機関に申告させています。賦課課税制度と言えるかどうかは、納税者の申告などを審査して、その税金の課税標準、税額の確定をおこなうのが行政機関にあるかどうかによります。

賦課課税制度は次のような特徴を有しています。

① 真実の課税標準を求める困難性

前述のとおり、所得税における納税者の所得金額に関する情報をもっとも有しているのは納税者自身です。したがって、賦課課税制度の下で所得税を課す行政機関が、納税者に関する所得についての情報の提供や協力を納税者から得ることなしに、正しい納税額などを確定させることは、極めて困難です。

逆に言うと、賦課課税制度に向いている税金は、土地などのように納税者の特別の協力がなくても、その面積や評価額が行政機関の側で得られるような税金です。例えば、固定資産税などは賦課課税制度に向いています。

② 行政の手間、コストの増加

賦課課税制度においては、税額の確定をおこなって納税者に賦課をおこなうのは、行政機関になりますから、税額の賦課決定をおこなうための行政機関の手間、コストが、申告納税制度に比較するとかかります。

(3) 両制度の相違

前述したように申告納税制度と賦課課税制度では、納税額の確定をおこなう者が異なる結果、納税者における申告行為の重みが、両者では異なります。

賦課課税制度では、納税義務の確定は行政機関の責任です。これに対して、申告納税制度においては、納税義務の確定をするのは第一次的には納税者の責務であり、税務署等の行政機関は、納税者の申告がおこなわれなかったり、正しい内容でない場合に第二次的に行政機関の権限を行使して納税義務を確定させることになります。

(4) 税務行政のICT化が申告納税制度を変える?

最近の行政においては、ICT[1]化が進んでいて税務行政においてもICT化は顕著です。具体的には次のような税務行政の諸分野においてICT化が急速に進展し、または実現が目指されています。

① 税務手続きのデジタル化

e-Tax[2]の推進、使い勝手の向上により、電子申告がスムーズにおこなえるようになっています。令和2年度からは大法人の法人税等の申告を電子申告によりおこなうことが義務化されます。中小法人、個人の確定申告についてもすでに相当割合が電子申告によりおこなわれています。

また、マイナポータルを活用した確定申告の手続きの電子化の進展がおこなわれているほか、年末調整手続きの電子化も令和2年度にはおこなわれます。

② 税務相談の効率化・電子化

税務相談については、ICTを活用した電話相談、自己解決ブースの窓口への設置、チャットポットの導入[3]も考えらていいます。

③ 税務署窓口のスマート化

税務署窓口業務については納付手段の多様化・キャッシュレス化の推進、納税証明書の発行の電子化・簡便化が目指されています。

④ 税務調査、税金徴収の高度化・効率化

税務調査については、機械情報技術を用いて大量データのマッチング分析をおこなうことを目指しています。

また、税金徴収の効率化・高度化も目指されています。

(5) 税務行政のICT化と申告納税制度への影響

急速に税務行政のICT化が進展していますが、このような税務行政における変化が申告納税制度などにどのような影響を与えるかが問題です。

たとえば、所得税の申告は、マイナポータルによって、納税者に関係する公的年金の源泉徴収票、医療費、各自治体への寄附金、住宅ローンの残高証明書、保険料控除証明書、各種の所得に関する支払調書などの情報が収集されるようになっていきます。

これにより、納税者はマイナポータルを通じて正確な各種情報を入手でき、しかもそのデータを電子申告システムに連動させることで、所得税の確定申告を納税者は容易におこなうことができるようになります。

そして、そのような申告に必要なデータがマイナポータルに電子的に収集されるようになり、行政機関がその情報にアクセスできるようになると、行政機関はこれまでのように、納税者の申告によらなくても税金計算に必要なデータを収集し、税額を計算できるようにすることも可能になってくるでしょう。

このとき、納税者の申告により税額を確定するということが必要でなくなってしまうのではないかという疑問が生じてきます。

さらに、不動産や株式などの金融商品だけでなく、預貯金などもマイナンバーとのひも付けがおこなわれてくると、行政機関は多くの所得や資産に関する情報を入手することができるようにもなります。

もはや行政機関は、納税者からの申告を待つまでもなく、税金計算に必要な確実な情報を入手することが可能になっていきますから、申告納税制度は必要がないのではないかという疑問が生じるわけです。納税者はせいぜい、行政機関が作成した税額計算を念のために確認する程度になってくるかもしれません。

先述のとおり、申告納税制度は、「民主国家の財政を国民みずからが支えるという国民主権主義を根拠とした制度」で、民主的納税思想に根ざしたものです。

このような観点からすると、行政機関が税額の計算の必要な情報を入手することができるようになったからと言って、果たして申告納税制度は要らないものだといってしまってよいのでしょうか。改めて、申告納税制度の意義について検討する必要性があると思います。

図表 13－1　個人所得税の納税手続きの諸外国比較

項目／国	日本	アメリカ	イギリス	韓国	カナダ
課税方式	申告納税	申告納税	申告納税	申告納税	申告納税
記入済申告書	×	×	×	×	○
年末調整	○	×	○	○	×
源泉徴収	○	○	○	○	○

項目／国	ドイツ	フランス	スウェーデン
課税方式	賦課課税	賦課課税	賦課課税
記入済申告書	×	○	○
年末調整	○	－	×
源泉徴収	○	×	○

（注1）税制調査会「海外調査報告（総論）」2017年6月19日8～9ページに基づき筆者が加工している。
（注2）フランスでは2019年度1月より源泉徴収制度が導入されました。

2　研究対象と研究方法

(1)　研究対象

研究は、現在、申告納税制度の対象となっている個人の所得税、法人税、相続税などの税金が対象です。すでに述べたようにそれらの税金の税額を確定する課税方式には、現在、申告納税制度と賦課課税制度があります。税務行政のＩＣＴ化の流れを前提とした場合に、いかなる課税方式が今後の制度としてすぐれているかが研究の対象となります。

(2)　研究方法

①　各制度の歴史を調べる

日本において、第2次大戦後の昭和22年に、どのような時代背景で、どのような理由で賦課課税制度から申告納税制度に変更、導入されたのかを調べるとよいでしょう。

② 諸外国の制度を調べる

申告納税制度を採用している典型的な国はアメリカです。一方、賦課課税制度を古くから採用しているのはヨーロッパのドイツ、フランスなどです(図表13－1参照)。それぞれの国の制度の特徴、特に記入済申告書などについて調べてみるとよいでしょう。

3 良い研究報告とするためのアドバイス

(1) 考えられる課題

申告納税制度が賦課課税制度よりすぐれているのかを考えるうえで最も重要な検討事項は、急速に進展する経済取引、税務行政のICT化との関係です。

果たして、税務行政のICT化によって本当に申告納税制度を不要なものとしてしまってよいのか、が重要な検討課題となります。

(2) 研究の難易度

申告納税制度の是非(ぜひ)は、税務行政のICT化の現状と未来、諸外国の制度の現状などとの関係で具体的に考えないとわかりにくい問題です。あまり理論的に考えすぎないほうがよいかもしれません。

(3) 良い研究報告にするためのアドバイス

税務行政の急速なICT化がどこまで進むのかの予測は、難しい問題ですが、次ページの〈参考文献〉に挙げた国税庁資料、未来投資会議など資料を参考にできるだけ具体的に検討するのがよいと思います。

そのうえで、申告納税制度が、国民主権主義を根拠とした制度で、民主的納税思想に根ざすと考えられる理由について検討するのがよいでしょう。

また、「税金は難しい」とよく言われますが、そのような困難な税務申告を手助けするものとして税務相談制度や税理士制度などが税務行政の中に存在します。

これらの税務申告手助けする制度も申告納税制度と密接に関係していることから検討範囲に入ってくるかもしれません。

〈参考文献〉

- 金子宏「民主的税制と申告納税制度」有斐閣「租税法理論の形成と解明 下巻」577頁
- 池本征男「申告納税制度の理念とその仕組み」税大論叢32号1頁
- 税制調査会「海外調査報告」2017年6月19日とその論議に関する税制調査会の資料
- 国税庁「『税務行政の将来像』に関する最近の取り組み状況～スマート行政の実現に向けて～」2019年6月21日
- 「マイナポータルとは」https://www.youtube.com/watch?v=4AT08KYZYNM
- 首相官邸・未来投資会議・産官協議会「スマート公共サービス」会合第1回など

（注1）ICTとは、「Information and Communication Technology」の略です。情報や通信に関連する科学技術のことをいい、特に、コンピューターなどの電気・電子技術を用いて情報を保存、加工、伝送する技術のことをいいます。

（注2）e-Taxとは、申告や納税などの国税に関する各種の手続きについて、インターネットを利用して電子的に手続きがおこなえるシステムです。

（注3）「チャットボット」とは、「自動会話プログラム」のことで、人間に変わりロボットが対話をおこないます。

14

「法人税の税務申告書」に「決算書」が含まれているのはなぜか

真鍋朝彦（まなべ・ともひこ）
税理士法人髙野総合会計事務所　シニアパートナー。1991年公認会計士二次試験合格。EY新日本有限責任監査法人パートナーを経て2010年税理士法人髙野総合会計事務所入所。現在に至る。

1 研究テーマにおススメする理由

(1) 会社の「決算」は会計なのか、税務なのか

会社に関連する代表的な税金は法人税です。会社は、一年間の経営活動を終えると決算を確定し、貸借対照表（たいしゃくたいしょうひょう）や、損益計算書などの「決算書」を作成しますが、その際、法人税額も合わせて計算し、決算書に反映させます。

また、法人税の納税にあたっては、会社は「税務申告書（以下　申告書）」を作成し納税をおこないますが、この申告書には会社の決算書も添付書類の1つとされています。

では、決算書の中に記載されている税金の金額はどのように計算されているのでしょうか？税金を先に計算するのでしょうか、それとも会計上の利益が先に計算されるのでしょうか？

もう1つ、現在、日本の法定実効税率は資本金1億円超の大規模法人の場合、約30％程度とさ

れています。

昨今、著名な大企業で、その一年間の「儲け」が巨額に上っているにもかかわらず、税金をほとんど納めていない会社があるなどの新聞報道を見ることがあります。

また、会社の決算書をよく見てみると、損益計算書の税金等調整前当期純利益に前記の法定実効税率（30％）を乗じた金額が法人税、住民税及び事業税の金額に必ずしもなっておらず、法人税、住民税及び事業税のほうが税金等調整前当期純利益に前記の法定実効税率（30％）を乗じた金額よりも大きな金額になっている会社もあれば、その逆に小さくなっている会社（つまり、儲けから想定される支払うべき税金の額が想定より少ない。税金を少ししか払っていない）もあるようです。

「儲け」が大きければ、当然、支払う税金も大きいと考えるはずですが、なぜ、そうならないのでしょうか？

(2) 税務と会計の「ズレ」

「申告書」を作成して、税金を計算するにあたり、その大前提となっているのは会社の決算書に記載の金額です。しかし、「税務」と「会計」にはさまざまな理由から「ズレ」ている部分があることから、上述のように、「儲け」が多いからと言って、「税金」が多いとは限らないケースが生じます。

本稿では、そうした「儲け」を算出する過程における「税務」と「会計」のズレに関して、なぜ、そうしたことが起こるのかについて、研究を進めることをおススメしたいと思います。

図表 14－1　会計と財務の全体イメージ

税務		会計
法人税法	処理の前提	会計基準等
税務申告書	作成されるもの	決算書
原則2か月以内 （延長申請すれば3か月以内）	提出（作成）期限 （決算期末より）	3か月以内
益金	入り	収益
損金	支出	費用
所得（欠損）	差引としての「儲け」	利益（損失）

同じテーマでも処理のあり方が税務と会計では異なっている。
例）減価償却費、貸倒引当金、賞与引当金、退職給付費用、その他

2 研究対象と研究方法

(1) 同じ会社の「申告書」と「決算書」を比較する

会社の決算を進めるにあたり、「税務」と「会計」についてまとめたものが図表14－1になります。

同じ「入り」でも会計は収益というのに対し、税務では益金、「支出」に関して、会計は費用というのに対して、税務では損金、また、それらの差引である「儲け」について会計は利益というのに対して、税務は所得と言います。

このことは、同一会社の同一事業年度の数値でも、一般的に「儲け」の部分が、税務と会計で異なる場合があることを意味します。

具体的には、同じ会社の「申告書」と「決算書」を比較することで両者の「ズレ」とその原因を把(は)

図表14－2 法人税申告書のイメージ

①	当期利益	会計上の利益
②	⊕ 加算項目	損益として認められない項目
③	⊖ 加算項目	損益として認められる項目
④	所　得	ここに法人税率を乗じて税金を求める

④＝①＋②－③

握(あく)することが可能です。

(2)「会計」と「税務」のいずれが主なのか

法人税額は「所得」に法人税率を乗じて求められますが、「所得（益金－損金）」は会計上の「利益（収益－費用）」と必ずしも合致しません。

まずは、会計の「利益」を確定し、その後、税務上の調整（「申告調整」と言います）をおこない、「利益」に加える部分（加算と言います）と控除する部分（減算と言います）を差引することで、税務上の「所得」を求め、それに一定の法人税率を乗じることで、納めるべき税金の金額を計算するのが実務上の取扱いです。（図表14－2参照）

繰り返しますと、まずは会計上の儲けである、「利益」を確定し、その後、一定の項目の調整（加算と減算）をおこなうことで税務上の「儲け」である「所得」を求めることとなるのです。

図表14－3　税務と会計の“ズレ”

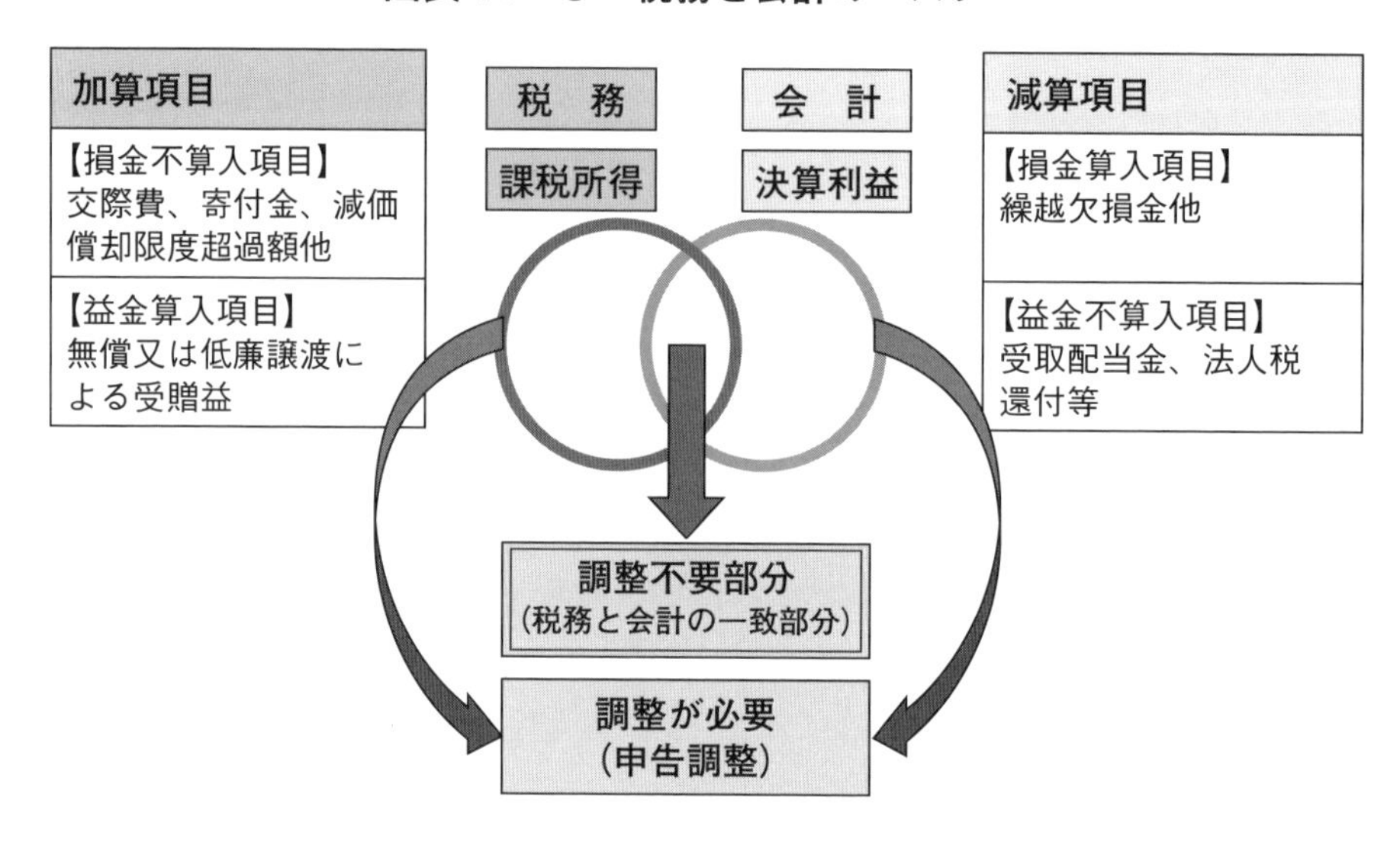

(3) なぜ、税務と会計の「ズレ」が生じるのか?

例えば、交際費を考えてみましょう。交際費というのは一般的には、会社がそのお客様などを接待する際などに要する費用とされます。そのため、お客様を接待するという名目で「飲み食い」に多くを費やしがちです。こうした、いわば「冗費」になりがちな支出について、法人税法では無尽蔵に支出を「損金」としてしまうと、「所得」が減少して、結果として法人税額も減少してしまうため、政策的に損金に算入できる金額に一定の制約を設けたとされています。

具体的には、原則として、交際費として支出した金額のうち、50％までは損金に算入することができます。なお、例外として、資本金1億円以下の中小法人においては年間800万円までは損金とすることが認められています。

つまり、「会計」では、支出した全額が「交際費」として「費用」処理することとなりますが、「税務」においては、前記のような制限から、支出した全額を「損金」処理することが認められない場合があります。そしてその認められない（損金不算入といいます）金額については、税金計算上「所得」に加算されたうえで、税金が計算されることから、こうした「税務」と「会計」のズレが生じることとなるのです（図表14－3参照）。

3 良い研究報告とするためのアドバイス

ここまで、「税務」と「会計」のズレが生じている場合に会計上の利益に実効税率を乗じた金額が税金の額に必ずしも合致しない場合があることを述べました。

会社の決算書を分析するにあたり、「税務」と「会計」のズレについて他にどんなパターンがあるかについて、もう少し把握してみましょう。

(1) 申告調整項目

先ほどの交際費と同様に、会計上は費用として計上が認められるものの、税務上は損金として認められない項目としては以下のよう項目があります。

① 引当金関係

賞与引当金繰入額、退職給付費用などは、会計上は費用として認められますが、税務上においては、実際に賞与や退職金を支払った時点で初めて損金算入が認められることから、費用計上時点では、繰入額の分だけ、課税所得が増えてしまい、税額が多くなってしまうこととなります。

なお、貸倒引当金繰入額については、原則として資本金1億円以下の中小企業は、一定の条件のもとで損金算入が認められています。

会計上は、こうした各種引当金を計上することは保守的な経理として評価されるべき点（賞与を支払う、退職金を支払うなどその時に初めて費用処理するのではなく、将来の損失に対して、その原因が当期以前の事象に起因しており、かつその金額を合理的に見積もることが、適正な期間損益計算上望ましいということです）ですが、その一方で税務においては、こうした点について会計上費用を計上した際には税務上、損金として認められないことから、加算によって所得が増え税金も増えてしまうことになります。

そのため、たとえば、従業員数が多い会社などでは賞与引当金繰入額や退職給付費用なども多額に上ることが多く、その年度の会計上の費用が多くなり、利益がその分少なくなりますが、実際に賞与や退職金を支払った際には、減算項目として税金を減らすこととなりますので、将来の税金を前払いしているという見方をすることもできます。

② 減価償却関係

法人税法では、採用すべき減価償却方法（定率法、定額法）は勘定科目と取得時期に応じて、また、耐用年数についても法定耐用年数がそれぞれ規定されています。

一方、会計においては、減価償却方法および耐用年数も必ずしも法人税法に規定する減価償却方法や耐用年数に準拠しないことも認められています。たとえば、耐用年数などは、その固定資産の使用年数を合理的に見積もった経済的耐用年数などで計算することが実務上多く見られます。そのため、税務と会計のズレが多く生じやすい項目であると言えます。

製造業などに多く見られますが、設備利用に対して保守的に考え、できるだけ早く償却計算を終えようとする場合、減価償却方法は定率法、また、耐用年数は法人税法の法定耐用年数よりも短い、実際の利用可能年数とすることが多く見られます。

そのため、法人税法に規定する減価償却費よりも大きい金額を会計上減価償却費として計上していることから、その差額は損金不算入として所得に加算されることとなります。

(2) 繰越欠損金について

過去10年間に生じた税務上の欠損金（所得のマイナス）について、控除限度額（欠損金控除前所得金額×控除割合[1]）を限度として、当該事業年度の所得を計算するにあたり損金の額に算入できる制度が税務上規定されています。

たとえば、前期に10000の欠損金が発生していた会社が、今期に10000の所得が発生した場合、この会社が中小法人の場合は所得10,000－繰越欠損金10,000＝0で今期の所得はゼロとなります（当然、税金もゼロ）。

また、この会社が中小法人以外の法人の場合は、当期に損金として算入できる繰越欠損金は10,000×50%=5,000であることから、当期の所得の計算は10,000−5,000=5,000となり、税金は1,500（=5,000×30%）となります。

決算書を分析するにあたり、税金等調整前当期純利益が計上されているにもかかわらず、法人税、住民税及び事業税がほとんど計上されていないような場合には、この繰越欠損金のパターンが想定されます。繰越欠損金が残っている場合には、10年以内であれば、損金として利用することができることから、納税を抑えることができ、社内に資金を留保できます。

また、この繰越欠損金については法人税申告書の中に詳細な記載がされており、それをみることで繰越欠損金がどれくらい残っているかなども把握することができます。

(3) 受取配当金益金不算入制度

これは、子会社や投資先など、会社がある会社に対して投資をおこなっている場合に、その投

図表14－4　受取配当金益金不算入制度の概要

株式等の区分	株式等の保有割合	益金不算入額
①　完全子法人株式等	100%	配当等の額の全額　※
②　関連法人株式等	3分の1超100%未満	配当等の全額－ 関連法人株式等に係る負債利子額
③　その他の株式等	5%超3分の1以下	配当等の額×50%※
④　非支配目的株式等	5%以下	配当等の額×20%※

※負債利子額控除なし

資先からの受取配当金について税務上、益金としないという制度です（会計上は収益計上となります）。これはすでに、配当をおこなう会社において法人税が課税されているので、「二重課税排除」の観点から規定されています。

なお、益金不算入額は株式の区分に応じて図表14－4のように規定されています。

図表14－4のとおり、受取配当金について税務上は一定の額が益金不算入となることから、投資先を多く有する大規模企業において、各グループ企業がお互いの株式を保有しあうことで、各企業の利益による配当金を、各グループ企業でほぼ税金を支払うことなく、内部留保することも可能になります。

また、外国子会社からの受取配当金の95%も益金不算入とするものとされています。

会計上も本業ではそれほど利益を上げていなくとも、子会社等からの受取配当金によって、一定額の利益を計上することも可能になります。

会社の決算書の分析で、損益計算書の営業外収益において多額の受取配当金を計上しているにもかかわらず、それに見合った税金を支払っていないような会社の場合、こうした受取配当金益金不算入制度の利用が考えられます。

(4) 移転価格に基づく利益操作

海外の関連企業との取引によって、利益および所得を抑えることができます。これは「移転価格操作」と言われることがあります。

日本国内の親会社は、海外子会社等に対して他の会社との間の取引よりも廉価（れんか）で販売することで親会社の利益および所得を減らすと同時に、海外子会社等の利益および所得を増大させることができます。

こうしたスキームを利用することで、本来であれば、国内の親会社で課税されることとなる利益および所得を海外子会社の利益および所得として海外に移転することが可能になります。

わが国には「移転価格税制」という制度があり、こうしたケースに対して課税されることとなっていますが、実務上の判断は複雑なものとなっており、会社と課税当局との間で争いが多くなっています。

(5) 最後に

本稿では、「税務」と「会計」の「ズレ」について説明してきました。こうした「ズレ」が会計上の利益と税務上の所得の違いを生んでいること、また、会社の規模によってもこうした違いが生じることを理解しながら、会社の決算書を分析することでさらに会計と税務に関する理解が深まることと思います。

（注1）資本金1億円以下の中小法人は原則として100％、それ以外の法人は50％

15

国際オリンピック委員会が受け取るテレビ放映権料は、課税されるか

今村　隆（いまむら・たかし）

1979年検事任官、1998年から2000年にかけて法務省訟務局租税訟務課長。2003年に検事退官後、駿河台大学法科大学院教授を経て、2011年から日本大学法科大学院教授となり現在に至る。

1 研究テーマにおススメする理由

筆者がおススメするのは租税条約の研究です。ここでは、具体的な租税条約の問題として、国際オリンピック委員会が受け取るテレビ放映権料について課税がなされるか否かの問題を紹介します。

言うまでもなく、オリンピックは、夏季と冬季に4年に1回ずつ開催されるスポーツの世界的祭典で、2020年には、東京で夏季オリンピックが開催されます。

元々オリンピックは非営利でおこなわれる催（もよお）しですが、現在その商業化が問題となっています。大会の主な収入は、①テレビ放映料、②スポンサー契約料、③チケットの売上げです。

このうちテレビ放送は、オリンピックを主催している国際オリンピック委員会（International Olympic Committee、以下「IOC」といいます）がその放映権を持っていて、世界各国のテレビ局と契約を結び、巨額の放映権料を得ています。国際オリンピック委員会のホームペ

ージをみると、2014年ソチ開催の冬季オリンピックと2016年リオ開催の夏季オリンピックで合計で、約5700億円の収入があり、そのうちの73％が放映権料の収入であるとのことです[1]。

IOCは、このように世界のテレビ局から巨額の放映権料を受け取っていますが、読者のみなさんはこの巨額の放映権料の課税がどのような課税関係にあるのか考えたことがあるでしょうか？

IOCは、スイスのローザンヌに所在し、いわゆる国際機関ではなく、非政府組織（NGO）の非営利団体（NPO）で、スイス租税法上もそのように扱われています。IOCは、非営利団体であり、その受け取った放映権料の半分を開催国のオリンピック委員会に分配しています。

2020年の東京オリンピックの放映権料も、日本のオリンピック委員会に放映権料の半分を分配し、残りの半分がIOCの利益となります。つまり、非営利団体といえども、利益を得ているので、IOCが世界の各テレビ局から受け取る放映権料の課税が問題となります。

ではIOCが世界の各テレビ局から受け取る放映権料の課税は具体的にどうなるのでしょうか？

結論を申し上げますと、そのテレビ局が所在する国とスイスとの租税条約により決まることとなります。

租税条約というのは、その名のとおり条約であり、二国間の合意によるものです。なぜこのような条約を結ぶかというと、二国間にまたがるグローバルな取引に対し、それぞれの国が自国の租税法を適用して課税根拠があるとして課税すると、この取引に関係している会社や個人の同一の所得に対しそれぞれの国が独自に課税し、二重に課税されるおそれがあるからです。

このような二重課税は、両国においてマイナスとなります。なぜなら二重に課税されるならそのような取引は止めておこうということになり、両国間の投資活動が阻害（そがい）されることとなるからです。二重課税のおそれを排除することは、お互いにプラスになるということで、このように自国の課税権を制限する租税条約を結んでいるのです。

ところで、租税条約は、元々は、19世紀末からヨーロッパの各国間で結ばれるようになったのですが、現在は、国際連合の機関の1つであるOECD（経済協力開発機構）が作成した「OECDモデル条約」と、国際連合がOECD加盟国以外を対象として作成した「国連モデル条約」の2つのモデルとなる租税条約に基づき、各国がそれぞれの租税条約を結んでいます（OECDは、G7諸国を始め先進国が加盟国であり、OECDモデル条約が、先進国向けのモデルであるのに対し、国連モデルは、開発途上国向けのモデルです）。

わが国は、OECDの加盟国であり、基本的には、OECDモデル条約を参考にして各国との租税条約を結んでいます。ちなみにわが国は、令和元年12月1日現在、135か国との間で75の租税条約を結んでいます[2]。なお、条約の国の数と条約の本数が一致しないのは、旧ソ連・旧チェコスロバキアとの条約が複数国へ承継されているからです。

2 研究対象と研究方法

(1) 前提知識

租税条約の検討をする前提として、まず、オリンピック放送の仕組みを説明しましょう。オリンピック放送は、具体的には、IOCの下部組織であるオリンピック放送機構（Olympic Broadcasting Services, 以下「OBS」といいます）という団体が、放送の全体を運営するホスト・ブロードキャスターの役割を果たします。

OBSは、大会期間中に開催国に国際放送センター(International Broadcasting Center,以下「IBC」といいます）を設け、IBCのスタッフが各競技場で撮影した映像を同センター内で「ITVRシグナル(International Television and Radio signal)」と呼ばれている電磁的データに変換して、同センターに詰めている各テレビ局に有線でリアル・タイムに配信しています。原則としてIBCのスタッフが撮影することとしているのは、各国の放送局が勝手に撮影をしたのでは、試合の妨げになるおそれがあるからです。

なお、このIBCのスタッフが撮影して変換されたITVRシグナルという電磁的データ自体は、映像や音声ではなく、それ自体の保存はできません。各テレビ局は、この受信したITVRシグナルを変換して映像化していますが、これが「国際放送」と呼ばれている映像であり、この変換後の映像は各テレビ局において保存ができます。

この国際放送の映像は、アナウンサーによる解説はなく、また、中立的であることが要請されていて、特定の参加国に偏る（かたよる）ことなく公平な立場で撮影されています。

しかし、各テレビ局は、この国際映像をそのまま各国のテレビで流しても面白くないので、それぞれ国際映像を編集して、その所在地国の選手中心の映像にしたり、各テレビ局で独自の実況や解説を加えたり、競技場での選手に対するインタビューなどの映像を加えたりして、国際

図表15－1　オリンピックのテレビ放映権料のしくみ

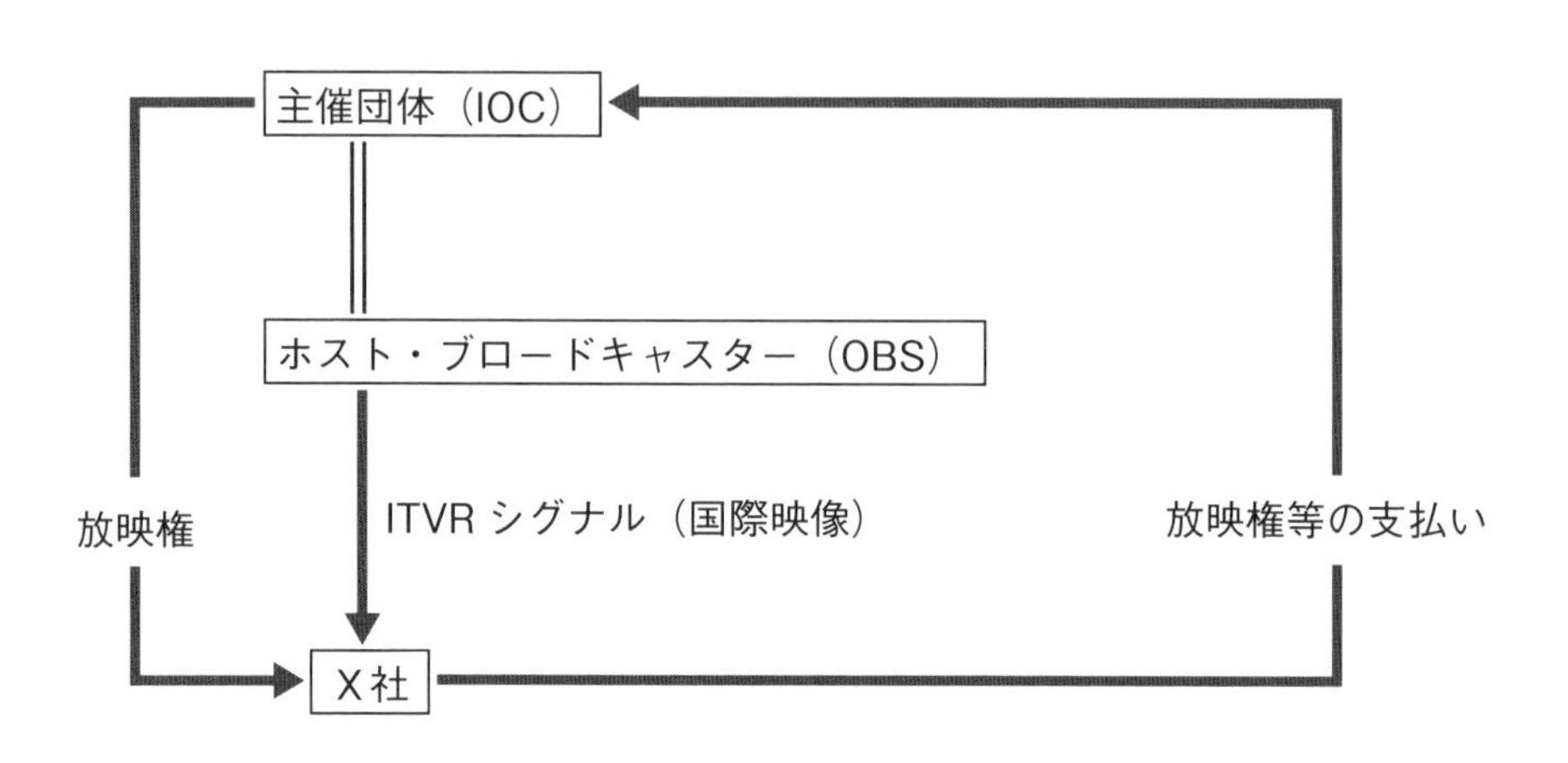

放送センターから衛星放送などを使って、各国のテレビで放映します。

(2) テレビ放映権料と租税条約

それでは、IOCが受け取る放映権料の租税条約における取扱いについて検討することとします。

① テレビ放映権料の意義

テレビ放映権料は、IOCが、その持っている放映権を各テレビ局の所在する国で独占的に放映することを認めることに対する対価です。図で表すと、図表15－1のようになります。

すなわち、IOCは、放映権料と引き替えに、OBSが撮影したITVRシグナルを送り、各国での独占的な放映を認めているのです。

このような放映権は、開催国に設置された国際放送センターでITVRシグナルを受け取る対価であり、このシグナルやこれを編集した画像をその国で独占的に放送する権利です。

そうすると、素直に考えれば、放映権料というのは、テレビ放映権という著作権の使用に対する対価であると考えられます。

② 著作権の使用による対価の租税条約の取扱い

世界の国々の租税条約を見ますと、このような著作権の使用について、ＯＥＣＤモデル条約に従って受取人の所在地国のみが課税できるとするものと、国連モデル条約に従って支払者の所在地国でも課税できるとするものがあります。

そこで、テレビ放映権料がこれらの租税条約の規定する「著作権」に当たるかが問題となります。

租税条約は、条約で用いている用語について定義しているものもありますが、そのような定義をしていない用語については、ＯＥＣＤモデル条約や国連モデル条約は、原則として、それぞれの締約国の国内法の意味で解釈するとし（両条約３条（２））、多くの国の租税条約もこのやり方を採用しています[3]。

「著作権」については、租税条約には特に定義がないのが一般的であり、各締約国の国内法、具体的には著作権法上の「著作権」に当たるかで判断することとなります。

③ オーストラリアでの取扱い

ここで、まさにＩＯＣに対するテレビ放映権料が、租税条約上の「著作権」に当たるかが問題となった判例がオーストラリアにあります。２０１６年のSeven Network事件連邦裁判所（合議部）判決[4]です。

これは、オーストラリアのテレビの、７チャンネルを運営している会社が、２００６年の冬季オリンピックと２００８年の夏季オリンピックの全競技をオーストラリアで独占的に放映できる権利を得て、1億2200万豪ドル（約100億円）をIOCに支払ったのに対し、その会社がIOCが納めるべき税金を差し引くべきであったとして、その会社に課税処分をしたという事件です。

課税庁がそのような判断をしたのは、オーストラリアでは、国連モデル条約と同じく、スイスとの間の租税条約では、著作権の使用料について、支払者の所在地国でも課税できるとする条約を結んでいたからです。

しかし、オーストラリアの裁判所は、この放映権は、スイスとオーストラリアの租税条約上の「著作権」に当たらないとして、課税処分を違法としました。その理由は、この租税条約上の「著作権」は、ITVRシグナルの配信を受けることに対するものですが、このITVRシグナルがオーストラリアの著作権法上の「著作権」の対象となる「著作物」に当たらないとするものでした。

なぜなら、オーストラリアの著作権法上は、「著作物」というためには、いったんその内容が紙やフィルムなどの物に「固定」されることが必要となっていたからです。前記のとおり、ITVRシグナルは、単なる電磁的データで、映像や音声ではなく、それ自体は保存はできません。このことから、オーストラリアの裁判所は、ITVRシグナルは、「著作物」に当たらず、支払者のテレビ局が所在するオーストラリアには課税権がないとしました。

なお、その後、オーストラリアは、租税法を改正して、このようなデータも「著作物」とみなすとし、現在は課税できることとなっています。

(3) わが国での取扱い

わが国は、著作権の使用料について、OECDモデル条約に従っていて、スイスとの間の租税条約においても受取人の所在地国のみが課税できるとしています（オーストラリアとスイスにおける国連モデルが、著作権の支払者の所在地国での課税を認めているのとは違った定めということです）。

一方でわが国の著作権法は、オーストラリアと同様、「著作物」であるためには、その内容が紙やフィルムなどの物にいったん固定されることを要件としています（同法2条3項）。

このことから、ＩＴＶＲシグナルがわが国の著作権法上の「著作物」に当たるかが問題となります。しかし、わが国は、前記のとおり、スイスとの租税条約で、スイスに課税権を譲歩しているため、仮にＩＴＶＲシグナルが「著作物」に当たるとしても、ＩＯＣが受け取ったテレビ放映権料には課税されません。

さらに、わが国は、２０１９年3月に成立した租税特別措置法の改正で、ＩＯＣが受け取る使用料については所得税を課さないこととされています（同法41条の21第3項）。ＩＯＣに生じうる二重課税の問題の手当への配慮がうかがわれます。

(4) プロ選手の所得に対する手当は？

本稿では、ＩＯＣに対する課税を検討しましたが、実は、オリンピックに参加するプロの選手が受け取る報酬もわが国で課税されるかが問題となります。

これは、わが国とその選手が住んでいる国との租税条約の問題で、ＯＥＣＤモデル条約では、この選手達がどこに住んでいるかを問わず、競技をおこなっている国（日本）に課税権があるとされているからです（同条約17条（1））。しかし、前記租税特別措置法では、このようなプロの選手達に対する課税も免除しています（同法41条の23第1項）。

これにより、各国のプロ選手がオリンピック期間中に日本で得た所得に対して、選手たちの居住地国での課税はあっても日本での課税はなくなり、外国所得税額控除等の複雑な手続きが無くなることとなるでしょう。

IOCに加えて、選手個人への二重課税への手当についても研究してみるとさらにおもしろいかもしれません。

3 良い研究報告とするためのアドバイス

租税条約は、租税法の中でも特に難しい問題です。わが国では、これまで租税条約の解釈について争われた裁判例は少ないのが現状です。しかし、ヨーロッパの国々では、国境を接していますし、国々で行き来が頻繁（ひんぱん）であるため、昔から租税条約の問題が裁判で争われていて膨大（ぼうだい）な蓄積があります。

一方で、租税条約を研究するのであれば、OECDモデル条約のコメンタリーを読む必要があります。コメンタリーとは、OECDがモデル条約ごとにその注釈をしたものです。このコメンタリーについては、わが国でも翻訳があります[5]。

しかし、このコメンタリー自体が、世界の各国の議論や判例を踏まえたもので難しい内容となっています。コメンタリーについて本格的に研究するとなると、2015年に出版されたフォーゲルというドイツの学者の弟子達による注釈書[6]を読む必要がありますが、これは、英文ですし、非常に専門的であり難解です。手っ取り早く租税条約の全体像を理解する本として、木村浩之氏の本[7]をおススメします。

租税条約というと別世界の議論のような気がする人もいるかもしれません。しかし、世界がグローバル化し、わが国の企業が海外で投資活動をしたり、あるいは、わが国企業の社員が海外勤務をする機会もますます増えているところです。

そうすると、そのような企業や社員が海外で受け取った所得がその投資先や勤務先の国で課税されるかが問題となります。そのような所得が投資先や勤務先の国で課税されるかは、最終的には、租税条約により決定されます。したがって、今後は、このような租税条約について知っていなければならない人は意外と多く、研究対象としての意義も大きいと思います。

（注1）https://www.olympic.org/funding

（注2）https://www.mof.go.jp/tax_policy/summary/international/h07.htm

（注3）拙稿「租税条約3条（2）と性質決定の抵触」税大ジャーナル30号45頁（http://www.nta.go.jp /about/organization/ntc/kenkyu/journal.htm）を参照されたい。

（注4）Commissioner of Taxation v Seven Network Limited,[2016] FCAFC 70。この判決の詳細は、漆さき「スポーツイベントに係るテレビ放送権料の租税条約上の『著作権等の使用料』該当性」国際商事法務47巻7号852頁を参照されたい。

（注5）水野忠恒監訳『OECDモデル租税条約2017年版』（日本租税研究協会、2019年）

（注6）Ekkehart Reimer and Alexander Rust ed.,"Klaus Vogel on Double Taxation Conventions 4th ed."（Wolters Kluwer, 2015）

（注7）木村浩之『租税条約入門』（中央経済社、2017年）

別冊税務弘報
夏休みの自由研究の
テーマにしたい「税」の話

2020年4月10日　第1版第1刷発行

編　者　別冊税務弘報編集部
発行者　山　本　継
発行所　㈱中央経済社
発売元　㈱中央経済グループパブリッシング

〒101-0051　東京都千代田区神田神保町1-31-2
電　話　03（3293）3371（編集代表）
03（3293）3381（営業代表）
http://www.chuokeizai.co.jp/
製版／㈲イー・アール・シー
印刷／三英印刷㈱
製本／㈲井上製本所

頁の「欠落」や「順序違い」などがありましたらお取り替えいたしますので発売元までご送付ください。（送料小社負担）

ISBN 978-4-502-33181-7　C3034